AF495145

LETTRES ÉCOSSOISES,

TRADUITES DE L'ANGLOIS,

Par M. VINCENT, Avocat.

PREMIERE PARTIE.

A AMSTERDAM,

Et à PARIS,

Chez la Veuve DUCHESNE, Libraire,
rue St-Jacques, au Temple du Goût.

M. DCC. LXXVII.

A
MADEMOISELLE L...

JE n'oublierai jamais, belle L.... le sujet de notre dernier entretien. Il y fut question des devoirs qu'ont à remplir les gens de Lettres. Prenez garde, me dites-vous, d'avilir cet état par d'injustes critiques, ou par des éloges déplacés. L'homme célèbre sourit au talent qui commence à naître, & lui montre le chemin qu'il faut prendre, pour l'égaler & le surpasser, s'il est possible.

C'est à cette marque qu'on reconnoît le véritable génie. Le grand-homme enseigne à le devenir ; ne craint point de former son semblable ; applaudit à ses rivaux, & pense que sa gloire s'accroît par celle des autres : c'est ainsi qu'on voit des feux placés à quelques distances, briller non - seulement de leurs propres lumières, mais encore de celles qu'ils se communiquent, sans qu'aucun d'eux perde de sa chaleur & de son éclat.

Par quelle fatalité, de tous ceux qui cultivent les arts, l'Écrivain est-il le seul qui consume des momens précieux à dénigrer les talens ? Raphaël, en perfectionnant ses tableaux, s'occupoit-il à mépriser la méthode de Michel-Ange? N'a-t-on pas vu Annibal-Carrache recueillir les pleurs du Domini-

quin, & encourager, par ses louan-
ges, l'enthousiasme de son elève?

Quel a donc été le but de ceux
qui ont cherché à obscurcir la
gloire du divin Montesquieu? Je
m'imagine voir ces Arabes, qui,
à la vue de la plus haute des py-
ramides, s'indignent de ne pouvoir élever un pareil monument,
& qui, en voulant cacher leur im-
puissance, la décèlent au contraire
par les vains efforts qu'ils font
pour en sapper les fondemens;
telles furent vos reflexions. Pour
leur donner plus de poids, vous
me fîtes sur le champ un conte
assez singulier : souffrez que je
vous le rappelle.

Avant de vous connoître, me
dites - vous encore, j'avois un

Amant qui, je ne sais comment, avoit trouvé le moyen de me plaire; je m'y étois attachée, sans trop l'examiner; je ne l'avois même pris, à ce que je crois, que parce que je pourrois m'en défaire, sans que mon cœur en souffrît. Vous devez bien penser, qu'avec un Amant de cette sorte, on ne se gêne pas beaucoup; aussi m'arrivoit-il souvent de le planter là, pour m'occuper à des choses qui m'amusoient plus que lui; j'oubliai même un jour qu'il étoit avec moi: voici comme l'affaire se passa.

Nous étions dans une prairie, qui est à l'extrémité de mon jardin. Les beautés que la nature m'offrit dans ce moment, me transportèrent tout-à-coup hors de moi. Après

avoir parcouru les objets visibles,
je m'élançai vers ces corps , qui ,
par leur distance, échappoient à ma
vue ; je les suivois dans leur cours;
je leur traçois le chemin qu'ils de-
voient tenir , & je m'imaginois toucher le doigt qui les faisoit remuer.
Occupée de ces grandes idées , j'oubliai ce qui m'environnoit, pour admirer l'auteur de toutes ces mer-
veilles. Mon Amant , piqué de
voir que je ne faisois nulle attention à lui , s'avisa , pour me faire
ressouvenir qu'il étoit présent , de
vouloir me montrer une tache qu'il
appercevoit, disoit-il, dans le soleil.
Comment pouvez-vous savoir que
c'en est une, lui dis-je? Sur le champ,
sans attendre sa réponse , je m'é-
loignai , en lui jetant un regard

A iv

qui lui fit connoître combien je le méprisois.

Vous n'eûtes pas plutôt cessé de parler, belle L..., que je me mis à rire de la façon avec laquelle vous vous défaisiez des gens. Riez tant que vous voudrez, reprîtes - vous assez sérieusement ; mais n'oubliez jamais que les défauts des grands-hommes ressemblent assez souvent à ceux que nous croyons appercevoir dans les ouvrages de la nature.

J'ai suivi vos conseils, belle L... J'ai supprimé dans ces Lettres tout ce qui auroit pu vous déplaire. Li-sez-les. Puisse la lecture que vous en ferez, contribuer un moment à vos plaisirs ! Puisse l'hommage que je vous en fais, m'acquitter de tout ce que je vous dois.

AVANT-PROPOS.

L'ENVIE de connoître les hommes, & de me rendre utile à ma patrie, me la fit abandonner à l'age de 24 ans. J'en ai employé quinze à parcourir le monde. Toutes les recherches que j'ai faites, n'ont servi qu'à m'apprendre que l'homme est par - tout le même. L'Indien, le Caraïbe, le Cafre, l'Anglois, qui ne veut ressembler à personne ; enfin toutes les nations qui couvrent la surface de la terre, visent au même but. L'intérêt est leur passion dominante ; leurs vices sont grands ou petits, selon la force de cette passion. C'est à elle que se rapportent toutes les actions de leur vie.

Je m'étois flatté, en sortant de mon Village, de pouvoir un jour l'éclairer, en lui faisant part de mes découvertes. Je trouverai, disois - je en moi - même, quelque peuple qui ne rougit point de paroître vertueux ; qui honore l'Humanité ; dont l'âme s'éleve & s'anime au seul nom de la patrie ; qui s'estime assez pour ne point craindre ses voisins ; chez qui la vengeance, l'avarice, passions qui dégradent l'homme, sont encore à naître, & qui ne renferme dans son sein que des Citoyens toujours prêts

à sacrifier leur intérêt particulier
au bien général.

Cette nation, une fois trou-
vée, disois-je encore, je compte
y demeurer quelque tems ; j'étu-
dierai ses mœurs ; je ne néglige-
rai rien pour me mettre au fait
de sa politique, de ses loix, de son
gouvernement ; j'examinerai la
nature du climat ; je combinerai
le rapport que toutes ces choses
ont ensemble: content de la peine
que je me serai donné, moderne
Platon , je retournerai dans ma
patrie ; je dirai , à ceux qui voudront m'entendre:hommes,écou-
tez-moi, & vous, femmes, soyez
attentives ; on m'écoutera ; je
parlerai ; j'enseignerai ce qu'il
faut faire pour être heureux ; je

perſuaderai ; l'on fera ce que je dirai, & j'aurai la gloire d'avoir réformé ma nation.

Voilà un beau projet, ſans doute ! Auroit-on jamais cru que l'impoſſibilité de trouver ce que je cherchois, le feroit échouer ? C'eſt cependant ce qui m'eſt arrivé ; auſſi je ſuis ſi piqué que j'ai pris la réſolution d'être dorénavant tranquile : que les hommes ſoient méchants, fourbes, mauvais fils , mauvais pères , mauvais citoyens, peu m'importe ; je renonce à eux ; je ne ſerai plus ſi ſot que de vouloir les corriger ; j'aime mieux qu'un autre ait cet embarras que moi ; qu'il invente d'ingénieux ſyſtêmes ; qu'il forme, s'il peut, un nouveau monde ;

qu'il s'y retire seul avec une amie:
puissent-ils vivre ensemble mille
ans, faire grand nombre d'enfants, qui en feront d'autres ; il
aura beau se donner des peines,
les hommes deviendront ce qu'ils
font aujourd'hui ; dès l'instant
qu'ils se trouveront plusieurs,
l'esprit de propriété les posséde-
ra ; ils diront, ceci est à moi. Le
Papa aura beau leur crier : mes
enfans, nous sommes égaux, tout
est commun entre nous; ils seront
sourds à sa voix. S'il insiste, ils sor-
tiront du respect qu'ils lui doivent; ils le traiteront de vieux im-
bécile, de radoteur ; si sa chere
moitié prétend aussi leur faire entendre raison, ils la relégueront
dans sa chambre, ou bien dans sa

cuisine ; ils lui diront de prendre
garde à son pot, de bien faire le
lit de son mari, & de ne point se
mêler de leurs affaires. La pauvre
Maman, fachée de se voir mépri-
sée , dira à son cher époux :
mon ami, ce sont des garnemens
qu'il faut punir ; faisons des loix
pour nous faire respecter ; tous
nos enfans ne sont point rebel-
les ; il en est qui nous sont soumis : d'ailleurs nous pouvons encore en faire d'autres ; servons-
nous de ceux - ci , pour forcer
ceux-là à nous obéir. Le bon-
homme, qui aime sa femme,
suivra son conseil, fera des loix,
de - là l'origine du pouvoir d'un
seul sur plusieurs. Ses loix seront
violées ; il faudra qu'il ait recours

à la force pour les faire obſerver.
Les réfractaires, pour éviter la
punition, s'éloigneront; ils forme-
ront une nation ſéparée. Piqués
de l'affront qu'on leur a fait, ils
s'aſſembleront, & conſulteront
ſur les moyens de ſe venger. La
paſſion leur fermera les yeux ſur
l'action qu'ils vont commettre ;
ils oublieront que ceux qu'ils
vont attaquer ſont leurs frères.
Ne reſpirant que meurtres, ils
prendront d'abord des maſſues ;
mais cette arme ne leur paroiſ-
ſant point aſſez meurtriere, ils
iront chercher le fer dans les en-
trailles de la terre ; ils croîtront,
multiplieront ; le terrein qu'ils
occupent deviendra trop étroit ;
ils enverront des colonies habiter

d'autres pays : ceux-ci leur ref-
fembleront, ils croîtront auffi ;
bien - tôt cette nouvelle terre
fera couverte d'hommes qui fe
battront, fe tueront, fe mange-
ront. Notre trifte réformateur,
âgé de neuf-cents ans, fâché
d'avoir fi mal employé fon tems,
viendra nous retrouver, n'in-
ventera plus de fyftêmes, trou-
vera les chofes bien comme elles
font, ceffera d'écrire, & ne fera
plus que des lacets.

Je retournois chez moi, bien
réfolu de ne m'occuper défor-
mais qu'à faire des paniers, lorfque paffant par Geneve, je ren-
contrai dans l'auberge où je fus
defcendre, Mifs Élifabeth Aureli, petite - nièce du célèbre

Docteur *Swift*, accompagnée de Milord Waller. Comme ils me connoiſſoient particulièrement, je ne pus me diſpenſer de les aborder; j'avois l'air ſi ſot, ſi triſte, qu'ils parurent ſurpris de ma contenance; ils me demandèrent ce que j'avois, avec tant d'inſtance, que je ne pus m'empêcher de leur dire le ſujet de mon affliction. Miſs Éliſabeth Aureli éclata de rire, me plaiſanta, me railla. N'eſt-ce que cela, me dit-elle? Allez, vous êtes bien bon de vous attriſter pour ſi peu de choſe; tenez, continua-t-elle, nous voyageons auſſi, Platon n'eſt pas notre modèle, mais Démocrite; ſemblable à lui, nous rions de tout ce que nous voyons. Nous ne difons pas aux hommes : il faut faire cela ; mais nous nous mocquons de leurs fottifes, & c'eft les avertir affez qu'ils font mal ; nous n'avons point quitté Londres, pour aller chercher ailleurs la vertu : ce feroit manquer à notre Pays, de croire qu'il y a des hommes plus fages qu'eux. En France, en Allemagne, en Italie, nous ne nous fommes pas donné la peine d'examiner le peuple ; qui en connoît un, les connoît tous : nous laiffons ce foin aux Philo-fophes. Notre occupation a été de chercher à nous inftruire, en converfant avec les Gens de Lettres. Nous penfions que leur commerce perfectionneroit nos

goûts, augmenteroit nos connoiſſances, & doubleroit, pour
ainſi dire, notre exiſtence. Notre
projet, comme vous voyez, étoit
un peu extravagant ; auſſi a-t-il
eu le même ſuccès que le vôtre.
Nous en attriſter, c'eût été folie ; nous avons pris le parti de
nous conſoler, en riant de notre
crédulité : mais ce qui a le plus
contribué à bannir le chagrin
qu'auroit pu nous cauſer le dépit d'avoir été trompés dans
notre attente, ce ſont les com-
bats que ces Meſſieurs ſe livrent
entr'eux. Rien n'eſt ſi plaiſant,
que de voir deux Littérateurs
guerroyer l'un contre l'autre.
Vous ririez de toutes les peines
qu'ils ſe donnent pour ſe pincer,

se mordre & s'égratigner. De ma vie je n'ai vu de spectacle aussi divertissant que celui-la. Il n'y auroit rien de si amusant que leurs querelles, s'ils se contentoient de se prêter des ridicules; mais souvent leurs plaisanteries prennent le ton de la satyre, & quelquefois ils s'échappent jusqu'a calomnier. Je vous avouerai franchement, que ceci m'a dégoûté de leur commerce; d'ailleurs j'ai vu avec peine, que plusieurs d'entre − eux n'avoient qu'une fausse idée de la gloire, & que le talent ne servoit a rien, sans un peu de charlatannerie. Cela vous étonne; cependant rien n'est plus vrai. Donnez à un seul homme le génie du Ca-

moens, du Tasse & de Milton ;
s'il se contente d'être grand , s'il
dédaigne d'employer les moyens
dont les autres se servent pour
se faire valoir ; ce même homme
mourra comme ceux que je viens
de citer , en doutant de son immortalité. Jugez , après cela , si
c'est être sage , que de se casser
la tête pour acquérir des connoissances. C'étoit-là votre manie. Vous vous en êtes corrigé.
C'est fort bien fait ; mais ce n'est
point assez. Au-lieu de vous occuper désormais à faire des paniers , imitez-nous ; cessez d'avoir
de l'humeur ; restez comme vous
êtes ; continuez de vivre avec
les hommes; prenez-les tels qu'ils
sont. Si vous voulez vous faire

supporter , n'allez pas vous avi-
fer de leur donner des leçons. Je
ne connois qu'un bon moyen ,
pour les engager a être fages:c'eft
de leur montrer l'exemple. Je
me fuis décidée à prendre ce
parti. Je me retire dans mes ter-
res avec Waller. Là , comme
Candide , nous nous occuperons
à cultiver notre jardin ; nous tâ-
cherons de rendre heureux ceux
qui nous environnent ; c'eft-à-
dire , notre conduite leur enfeignera ce qu'il faut faire pour le
devenir. En nous comportant
ainfi, nous nous croirons quittes
envers eux : le refte ira comme
il pourra. Adieu , Monfieur ;
comme je veux que vous vous
fouveniez de moi , prenez ce

paquet ; il contient le récit de toutes mes folies ; je vous l'abandonne ; faites - en ce qu'il vous plaira.

Je ne fus pas plutôt seul, que j'ouvris le paquet pour voir ce qu'il renfermoit. Je trouvai des copies de lettres qu'elle écrivoit pendant ses voyages à ses amis. Le style m'en parut simple & négligé ; mais je ne pus m'empêcher d'admirer avec quel art l'esprit féminin raisonne & discute, lorsqu'il s'avise de critiquer & de relever quelques défauts échappés à la pénétration des hommes, ou qu'ils ne veulent point appercevoir.

Je ne compte pas faire un grand présent au Public, en lui

donnant cet Ouvrage. Il rira,
sans doute, de voir une folle, qui
s'égare jusqu'au point de vouloir
prouver, que Monsieur d'Alembert se trompe quelquefois dans
ses jugemens.

LETTRES

LETTRES
ÉCOSSOISES.

LETTRE PREMIERE.

A Miſs CHARLOTTE TILNEI.

CHERE Miſs, tandis que tout pleure & gémit autour de moi, amuſons-nous à rire enſemble ; je viens de déſeſpérer d'un ſeul mot un amant que j'aime : comment m'y prendrai-je pour te raconter cela? Tu vas me traiter de folle, d'extravagante. Appelle-moi comme tu voudras, pourvu que ma folie te faſſe rire je ſerai contente.

Prem. Partie.   B

Te souviens-tu de Mylord Waller?
Tu te rappelles sans doute de l'avoir
vu souvent chez Milady Grambi ; il
passe, comme tu le sais, pour l'homme le mieux fait de Londres. Eh
bien ! chere Miss, ce n'est plus ce Cavalier, si fier de sa bonne mine, que
les femmes s'arrachoient ; anéanti,
pétrifié, il n'ôse se montrer en public;
il pleure, il maudit notre sexe, fuit
tout le monde, & tout cela est mon
ouvrage.

Ce matin nous devions être attachés par des liens indissolubles ; tout
étoit prêt pour la cérémonie. Les
parents, assemblés, se félicitoient
les uns les autres ; la joie régnoit sur
tous les visages ; vingt cuisiniers
étoient occupés aux apprêts du fes-
tin ; tout le monde m'appeloit Milady ; mon amant s'applaudissoit à mes
côtés du bonheur dont il alloit jouir :
j'apperçevois le plaisir dans ses re-

gards, il pouvoit en voir autant dans les miens ; moins gêné & plus libre qu'auparavant, il me regardoit comme un bien qui devoit lui appartenir ; sa bouche me donnoit mille baisers, & m'en promettoit encore ; il parcouroit des yeux d'autres charmes qu'il n'ôsoit toucher, & les dévoroit d'avance dans le fond de son cœur. Moments délicieux pour lui, vous n'avez guères duré ! plaisir, jouissance, cessez d'enivrer son ame, l'instant appproche où tout son bonheur va disparoître.

Déja le Ministre s'est avancé vers nous d'un pas grave & affecté : il parle, nous ne l'entendons point : ma main se trouve dans celle de Mylord ; mes yeux se tournent vers lui, & rencontrent les siens ; il pâlit, je rougis, il prononce *oui* en tremblant, je dis *non* en riant.

Chere Miss ! comment te rendre

l'effet que ce dernier mot fit sur toute l'assemblée. Le pauvre Ministre qui étoit devant nous, laisse échapper le livre qu'il tenoit ; sa figure s'allonge & se rétrécit ; il voudroit parler, & ne fait que bégayer : mon amant tombe à mes genoux, crie, pleure, se désespere ; ses parents se retirent en murmurant ; les miens veulent prendre un ton d'autorité ; ma vieille tante, appuyée sur sa béquille, marche çà & là, fait entendre sa voix de faucet, m'accable de reproches ; enfin tout se réunit contre moi, la consternation devient générale : devine ce que je fais pendant ce vacarme, je ris tout bas du chagrin que je cause, & ma vanité s'applaudit en secret de mon étourderie.

Où étoit ton esprit dans ce moment, me diras-tu ? Sans doute que tu l'avois perdu. Peut-on pousser

plus loin la folie & l'extravagance ?
Chere Miss, laisse écouler quelques
jours, & tu en apprendras une bien
plus grande ; en attendant, je suis
& serai toujours ta chere & affec-
tionnée ÉLISABETH AURELI.

A Londres ce 13 Octobre 1764.

LETTRE II.

A LA MÉME.

CHERE Tilnei, hier au soir Mylord Waller m'est venu voir ; lorsqu'on l'annonça, il y avoit chez moi nombreuse compagnie ; il entre, salue tout le monde, avec cette grâce que tu lui connois, s'avance vers moi d'un air soumis, & me prie de lui donner un moment d'entretien. Volontiers, Milord ; passons dans cette chambre, j'ai aussi quelque chose à vous communiquer.

Me voilà donc tête-à-tête avec un homme que j'adore, & que j'ai cependant rendu malheureux. Chere Miss, je ne pus le regarder sans sentir quelque remords : il étoit pâle, défait, le feu de ses yeux étoit presque éteint ; sans doute qu'il s'apperçut de mon trouble. Pourquoi ne devina-t-il pas ce qui l'occasionnoit. Je vois bien, me dit-il, que ma présence vous importune ; vous appréhendez peut-être que je vous fasse des reproches : non, Miss, ce n'est point là le motif qui m'amene ; avant l'instant fatal où vous m'avez tant humilié, je croyois être aimé. Qui ne s'en seroit flatté ? Vous preniez plaisir à recevoir des marques de mon amour, vous m'en donniez du vôtre, je me regardois alors comme le plus heureux des hommes. Combien de fois ne m'avez-vous pas dit : cher Milord, je sens qu'il me seroit impossible de vivre sans vous ; oui, vous êtes le mortel que mon cœur cherchoit depuis long-temps : tels étoient vos propos. J'eus la foiblesse de les croire sinceres, je m'abandonnai au plaisir d'aimer, & je vous livrai toute mon âme ; flatteuse illufion, qui n'a fervi qu'à me rendre plus malheureux ! Mais j'apperçois que ma préfence vous eft à charge: encore un mot, & je vous dis un éternel adieu.

Votre Banquier eft venu ce matin m'apporter les dix-mille guinées de dédit, ftipulées dans notre contrat de mariage ; avez-vous penfé que je les accepterois ? N'auriez-vous plus d'eftime pour un homme que vous avez tant aimé ? Ah ! Mifs, vous ne m'avez jamais connu ; c'étoit affez de votre haîne, fans y ajouter le mépris. Voici l'acte dont je viens de vous parler ; je vous le rends ; vous êtes libre maintenant de pren-dre pour époux celui qu'il vous plaira de choifir ; ne craignez de ma part aucun obftacle ; je fouhaite qu'il vous aime autant que je l'ai fait: puiffiez-vous couler enfemble des jours heureux & tranquiles ; puiffe le remords ne jamais troubler vos plaisirs.

Ma chere Tilnei, quand je n'aurois eu que de l'indifférence pour Milord Waller, ce trait seul eut suffi pour me forcer à l'aimer : juge par-là de l'impression que sa générosité, sa douleur & son désespoir, dûrent faire sur un cœur tout à lui.

Lorsqu'il eut cesser de parler, il crut sans doute que j'allois lui répondre ; mais voyant que je détournois les yeux pour ne pas le regarder, il voulut se retirer. Te dirai-je ce que je ressentis dans ce moment, ce que je devins ; mes larmes que j'avois retenues jusqu'à présent, s'échappent & coulent en abondance ; mes genoux tremblent, j'ai peine à me soutenir ; heureusement qu'un fau-- teuil se présente, j'y tombe : forcée par la douleur, trahie par mon amour, j'appelle Waller qui s'éloigne ; il se

retourne , m'apperçoit, dans cet état,
s'avance avec précipitation , se jette
à mes genoux ; il prend une de mes
mains , qu'il arrose de ses larmes, &
la couvre de baisers. Vous répandez
des pleurs , Mifs ! Serois-je affez heureux pour les occafionner ? Parlez,
rendez – moi le repos , la fanté , la
vie ; Mifs, m'aimeriez-vous encore ?
Ah ! ma chere Tilnei, quelle fituation, quel moment pour mon cœur !
Waller à mes genoux ! Waller que
j'adore & que j'ai rendu malheureux ! Waller qui me demande fi je
l'aime ! Si je t'aime , cher Amant !
Toute à ma paffion , toute à mon
amour, je preffe dans mes bras fa
tête qui étoit appuyée fur mes genoux ; jé m'abandonne fur lui ; mes
larmes arrofent fon vifage ; mes fou-
pirs fe confondent avec les fiens ; il
ne fe fouvient plus de fes malheurs,
& j'oublie que je les ai caufés.

Milady Grambi, qui entre dans le moment, m'empêche de t'apprendre ce qui a suivi notre réunion ; je t'en informerai par la prochaine occasion. Adieu, porte-toi toujours bien ; sois moins indifférente, & tu seras plus aimable ; songe que sans l'amour une femme est un petit être dans la nature ; c'est par-là que nous nous rapprochons des hommes ; sans cette passion, qui nous donne quelque empire sur eux, que serions-nous ? Adieu, une seconde fois. Je n'ai pas le tems de t'en écrire davantage.

ÉLISABETH AURELI.

A Londres, ce 15 Octobre 1764.

LETTRE III.

A LA MÊME.

TU as vu dans ma derniere Lettre de quelle façon je m'étois réconciliée avec Milord Waller; il faut maintenant t'apprendre ce qui a suivi notre réconciliation.

Il étoit toujours à mes pieds. Occupée à raſſurer ſon amour, je lui jurois que je n'avois jamais ceſſé de l'aimer : j'étois donc heureux, ſans le ſavoir, m'a-t-il dit ; mais comment concilier cet aveu avec la conduite que vous avez tenue ? Pardonnez, Miſs, ſi je vous fais une pareille queſtion ; j'ai trop ſouffert, pour croire que vous ſerez fâchée de l'éclairciſſement que je demande : parlez, je vous en prie, & diſſipez les nuages qui m'empêchent de fentir tout mon bonheur.

Un moment, Milord, je vais vous ouvrir mon âme, vous confier tous mes fecrets, & vous pourrez juger alors, fi j'ai laiffé paffer un feul inftant fans vous aimer.

Jufqu'à l'âge de vingt ans, j'ai vécu libre de toutes paffions. Elevée dès ma plus tendre enfance chez le Docteur Swift, mon grand oncle, j'ai pris pour les fciences un goût que mon amour pour vous n'a jamais pu diminuer. Après la mort de cet oncle, ma paffion pour les Belles-Lettres ne fit qu'augmenter. Dans un âge, où tout nous invite au plaifir, je paffois mon tems à apprendre les langues étrangeres, à lire nos meilleurs Auteurs. Devenue indépendante, me trouvant à la tête d'un bien confidérable, je formai le deffein d'acquérir de nouvelles connoif-

fances , en parcourant la France ,
l'Allemagne & l'Italie.

Mon fexe , ne me permettant pas
d'entreprendre feul un pareil voyage , je crus que je devois faire choix
d'un honnête-homme pour m'accompagner. Je vous vis par hafard
chez Milady Grambi ; votre phyfio-
nomie me frappa ; je crus trouver
en vous ce que je cherchois. Je m'in-
formai de vos mœurs , j'étudiai votre caractere , & j'eus la fatisfaction
de voir que vous étiez l'homme qui
me convenoit.

Vous vous étiez fans doute apperçu de mon affiduité à vous examiner ; car je furprenois fouvent vos
regards attachés fur moi ; bientôt
vous me rendîtes des foins, j'y fus
fenfible , je vis avec plaifir que vous
me diftinguiez de la foule : toutes les
femmes en parurent jaloufes ; plus
d'une en marqua du dépit , & tint

fur notre compte plufieurs propos
injurieux ; nous n'en fimes que rire,
vous m'aimiez, je vous aimois ; vous
m'offrîtes votre main , je l'acceptai ,
& nous fixâmes un jour pour la cé-
lébration de notre mariage.

Il arriva ce moment tant defiré
par vous , tant fouhaité par moi ; ma
main étoit déjà dans la vôtre. J'allois
prononcer le mot qui devoit m'unir
à vous pour toujours , lorfqu'une
malheureufe réflexion vint troubler
mon bonheur & le vôtre ; une femme, dis-je en moi-même , fe donne
un maître en prenant un époux ; un
amant tendre & complaifant ceffe
de l'être , quand il a des droits fur
nous. Qui fait fi le mien fe com-
portera autrement que les autres ?
Cette idée m'accabla , je tremblai de
vous trouver contraire au deffein
que j'avois formé , & ma bouche ,
au-lieu d'affurer votre félicité , pro-

nonça votre malheur & le mien. Voilà, Milord, la raison pour laquelle j'ai refusé votre main. Si vous saviez ce qu'il m'en a coûté, combien j'ai gémi d'être forcé à maltraiter un homme, que j'aimois plus que moi-même ; vous me pardonneriez peut-être le mal que je vous ai causé, ou du moins vous excuseriez ma foiblesse.

A cet endroit mon amant voulut me répondre ; mais je le priai de m'accorder encore un moment d'attention. Milord, par le récit sincère que je viens de faire, il vous est facile de voir que je n'ai pas cessé de vous aimer. Si je vous suis encore chere, je m'offre à tout réparer; mais à une condition, il faut avant d'être unis l'un à l'autre, que vous m'accompagniez par - tout où je veux aller; le don de ma main est à ce prix : sans cela, n'attendez rien de moi ; il faut songer à nous séparer pour toujours.

Tandis que je parlois à ce pauvre Milord, il m'étoit aisé d'appercevoir l'impression que mon discours faisoit sur son cœur. Son visage s'éclaircissoit, son regard s'animoit, une douce joie brilloit sur son front, & je vis même le plaisir renaître dans ses yeux. Que vous êtes cruelle, me dit - il ! Pourquoi m'avoir fait un mystère de votre projet ? Je n'aurois pas balancé un instant à vous suivre. Allons, Miss, quoi qu'il m'en coûte pour attendre, vous me voyez tout prêt à vous accompagner. Partons dès demain, s'il le faut ; autant de jours que nous resterons ici, autant de momens perdus pour mon amour.

Voilà comme je veux être aimée, m'écriai-je. Oui, cher Milord, ne perdons point de tems, les momens sont précieux, allez tout préparer pour votre départ, je vais donner des ordres pour le mien. Je lui donne un baiſer pour gage de ma parole, j'en reçois un pour gage de la ſienne, vingt autres le ſuivent, je les lui rends. Pouvois - je moins faire pour un homme que j'avois rendu ſi malheureux ?

Quelle idée, ma chere Tilnei, vas-tu te former de ma vertu ? Que penſera le public de me voir courir le monde avec un homme que j'ai refuſé pour époux ? Que diront mes parens ? Tout ce qu'ils voudront. Pourvû qu'en deſcendant dans le fond de mon cœur, je le trouve pur & ſans tache, peu m'importe leurs jugemens : lorſqu'il ſera queſtion du bonheur de ma vie , je ne le ferai point dépendre de l'opinion des autres , & je ne conſulterai jamais que moi. Ne me fais point de réponſe, ta lettre ne me ſeroit pas remiſe.

J'aurai soin de t'écrire à mon arrivée
dans la Hollande, par où je compte
commencer mes courses. Par-tout
où j'irai, je serai toujours

Ta chere ÉLISABETH AURELI.

A Londres, ce 20 Octobre 1764.

LETTRE IV.

A LA MÊME.

DEPUIS quinze jours je suis en Hollande. Quel pays ! quelle nation! Des Marchands qui n'ont d'autre plaisir que celui d'amasser ; des filles sottes & libertines ; des jeunes-gens stupides & grossiers ; des femmes sages à la vérité, mais impérieuses, se faisant craindre de leurs maris, parlant plus haut qu'eux, & dont la lésine fait une partie de la dot ; enfin des espèces de machines, montées avec des ressorts d'or : voilà les habitans de cette triste Contrée.

Qui a vu plusieurs François, les connoît tous, dit un Auteur moderne. Il en est de même des Hollandois; qui en a vu un, les a vus tous. Un

voyageur qui veut les connoître,
n'a qu'à s'arrêter quelque tems à
Rotterdam; il lui seroit inutile d'aller
plus loin. Les Villes se ressemblent;
les hommes sont par-tout les mêmes. Un Négociant d'Amsterdam,
un Bourgeois d'Harlem, un Docteur
de Leyde, un Paysan de Serdam, un
Noble d'Utrecht ou de la Haye, pensent, agissent, se comportent de la
même façon : tous vivent mesquine-
ment, élevent mal leurs enfans, se
laissent mener par leurs femmes,
n'aiment point la liberté pour elle
seule ; mais à cause de l'avantage qui
en résulte pour le commerce.

Cette uniformité seroit un bien,
si elle avoit la vertu pour principe.
Ici, l'or est l'unique ressort qui fait
mouvoir les esprits. Mon père m'a
laissé cent-mille florins, dit un Hollandois ; pour gagner cette somme,
il n'a employé que vingt ans; à peine

j'en ai trente, je puis vivre jusqu'à
quatre-vingts , & par conséquent
amasser deux-cent-cinquante-mille
florins ; mon fils & mon petit-fils
m'imiteront. Pendant ce tems - là
nous ne boirons que du thé, nous
ne mangerons que du fromage & des
tartines. Que d'argent , que de richesses nous allons accumuler ! C'est
ainsi que raisonnent des Hollandois.
L'avarice éteint en eux les autres
passions , avilit leur âme , & l'empêche de s'élever.

Mais , me dira-t-on , c'est à cette
uniformité , que vous blâmez , à qui
Rome doit sa puissance & son élévation. J'en conviens ; mais cette uniformité chez les Romains avoit un
principe noble & grand. Le moindre
soldat eût disputé à son Général
l'honneur de se sacrifier pour le bien
commun. Le peuple se piquoit d'é-
galer le Sénat en grandeur d'âme ;

l'un & l'autre méprisoient les richeffes, faisoient confifter le premier
devoir du Citoyen dans l'amour de
la patrie, aimoient la gloire, cou-
roient après l'immortalité; en un
mot, tous les Romains fe reffem-
bloient, mais c'étoit par la vertu.
Quelle différence entre un peuple
de Héros & un peuple de Marchands!
Auffi l'un a fubjugué la terre, donné
des loix à toutes les nations, produit
des hommes célèbres dans tous les
genres, a paffé pour le peuple le plus
vertueux qui ait jamais exifté, tandis que l'autre borne fon ambition,
& fait confifter fa gloire à vendre du
poivre à toute l'Europe.

Pardonne, chere Tilnei, la lon-
gueur de cette digreffion; je m'é-
carte malgré moi du plan que je
m'étois propofé. Si j'avois trouvé
quelque fujet qui méritât mon attention, je ne t'aurois point entre-

tenu de la nation entiere. J'ai bien vu des hommes en Hollande ; mais je n'en ai pas vu un feul de grand ; elle en a cependant produit autrefois. Fiere d'avoir donné le jour à Ruither & à l'Amiral Tromp, elle fe compare à nous. Pour moi, fi j'ôfois, je la comparerois à nos Seigneurs d'aujourd'hui, qui s'imaginent être de grands perfonnages, parce que leurs ancêtres l'ont été.

Adieu, chere amie, je compte dans peu partir. Mes complimens à ton aimable fœur ; embraffe-la pour moi. J'attends ta réponfe à Bruxelles, où je refterai quelques jours: mande-moi, je te prie, ce que l'on dit du voyage que j'entreprends. Sois fincere, tu me connois affez pour favoir que je fuis au-deffus des petiteffes. Adieu ; fonge quelquefois à ta chere

ÉLISABETH AURELI.

A la Haye, ce 16 Novembre 1764.

LETTRE

LETTRE V.

A LA MÊME.

DANS ma derniere Lettre je t'ai mandé que j'étois fur le point de partir pour Bruxelles ; un accident auquel je ne m'attendois pas , a retardé mon départ.

Mardi dernier , après avoir dîné chez le Général Yorck * , nous fûmes nous promener dans un bois charmant , que nous n'avions point encore vu ; à peine avions-nous fait quelques pas , que deux hommes habillés à l'Angloife nous abordent : le plus grand , que je pris pour le Chevalier Tonneley , tira Milord Waller à l'écart ; je voulus le fuivre ,

---

* Ambaffadeur d'Angleterre à la Haye.

Premiere Partie. C

mais je fus retenu par l'autre , que je reconnus aussi-tôt pour Milady. G... Je ne fus pas peu surpris de la trouver dans cet équipage. C'est vous cher Milady! lui dis-je ; que venez-vous faire ici? Pourquoi ce déguisement? Ce que je viens faire, me répondit-elle d'un ton furieux , punir un traître , & me venger de toi. Allons, continua-t-elle , songe à défendre tes jours ; voyons si tu as autant de courage pour conserver tes amants, que tu as d'adresse pour les enlever aux autres. En disant ces mots , elle tire deux épées qui étoient cachées sous sa redingote , & me dit d'en choisir une.

Ma chere Tilneï , mets-toi pour un instant à ma place. Parle , dis-moi , qu'aurois-tu fait dans une situation aussi critique? Sans doute que l'amour t'eût inspiré le parti que j'ai pris. Je saisis une des deux

épées, non pas pour m'en servir
contre elle ; mais pour vôler au
secours du Milord. Milady, qui ne
se doutoit pas de mon dessein, recula
quelques pas pour se mettre en garde:
mon cœur m'avertit que c'étoit là
l'instant. Je m'échappe des mains de
cette Furie, je vôle vers mon amant;
l'amour me donne des ailes ; je l'apperçois de loin, appuyé contre un
arbre qu'il embrassoit d'une main;
de l'autre il tenoit un mouchoir avec
lequel il s'efforçoit d'arrêter le sang
qui couloit de sa blessure. Quelle
vue! quel spectacle! Les forces me
manquent, il m'est impossible d'a-
vancer, mes yeux se troublent, un
nuage épais viens les obscurcir, je
ne vois plus rien, je n'entends plus
rien. Cher amant, pardonne si je
ne puis aller jusqu'à toi. Je sens mes
genoux trembler, tout mon corps
frissonne, mon âme erre sur mes

levres & voudroit s'envôler vers toi.

Milord Waller, malgré la douleur qu'il ressentoit, ne m'eut pas plutôt apperçu, qu'il fit un effort pour s'avancer : il arriva précisément, lorsque toutes mes forces m'abandonnoient. Tout blessé qu'il est, il empêche ma chûte, il me soutient, il éleve la voix pour appeler ses domestiques ; soins superflus ! ils sont trop éloignés & ne peuvent l'entendre. Epuisé par le sang qu'il perdoit, accablé par mon propre poids, il chancelle, tombe, & , sans m'abandonner, me reçoit dans ses bras.

Milady G... indignée de me voir échapper à sa vengeance, s'étoit mise à ma poursuite. Après avoir erré quelque tems dans le bois, elle entendit une voix qui se plaignoit, qui demandoit du secours. Elle approche, voit Milord Waller , nageant dans son sang, dont la bouche étoit collée sur la mienne, & qui m'arrofoit de fes larmes : elle s'arrête, elle le contemple, elle goûte le plaifir de la vengeance ; fon cœur fe dilate à la vue de fon ennemie, prête à périr ; fes yeux regardent avec joie couler le fang de fon infidele. Meurs, lui dit-elle, ingrat! qui m'a méprifée; meurs avec ma rivale. A ces mots, mon amant tourne les yeux de fon côté, la reconnoît, les détourne foudain, les ferme un inftant à la lumiere, & laiffe tomber fa tête fur mon fein. O ma chere Tilnei, connois le pouvoir de l'Amour! C'étoit-là le moment qu'il avoit marqué pour attendrir cette femme cruelle & vindicative. Tout-à-coup elle paffe de la fureur à la compaffion ; un tendre fentiment prend dans fon cœur la place de la vengeance. Waller n'eft plus cet infidele qu'elle vouloit priver du jour : c'eft un homme qu'elle a adoré, qu'elle adore encore, & cet homme va périr. O toi, s'écrie-t-elle, que j'aime encore tout ingrat que tu es ; cher Waller, daigne me regarder, tourne vers moi les yeux, vois mes pleurs, vois mon défefpoir ; vis, &, s'il le faut, fois heureux avec ma rivale. En parlant ainfi, elle arrachoit fes cheveux, faifoit retentir le bois de fes cris, &, n'écoutant que fa paffion, elle fe précipite fur le corps de mon amant, elle le baigne de fes larmes, elle déchire le mouchoir qui couvroit fa gorge, le partage en bandelettes, & s'apprête à penfer fa bleffure.

Pendant ce tems mes yeux s'ouvrirent à la lumiere : le premier objet qui me frappa, fut mon amant. Je me préparois à le fecourir, lorfque j'apperçus Milady G... fa vue me fit horreur, je crus qu'elle n'étoit là que pour achever les jours de Milord

Waller. Arrête, lui dis-je, femme cruelle : c'est par moi qu'il te faut commencer ; songe auparavant à m'ôter la vie, mais crains une amante en fureur, & qui ne se connoît plus. Miss, me répondit-elle d'un ton qui me surprit, modérez ce transport, il n'en est pas besoin ; oublions maintenant nos débats ; songez que je suis la plus à plaindre. Vous aimez Waller, vous en êtes aimée, aidez-moi donc à le rendre à la vie, réunissons nos forces pour le tirer d'un lieu où l'on ne peut lui donner du secours. La douleur empêcha Milady G... d'en dire davantage : elle garde quelque tems le silence, se penche sur le corps de son amant, le considere, l'appelle à haute voix ; il ouvre les yeux, & les referme soudain. Il vit encore, s'écrie-t-elle, allons, chere Miss, aidez-moi à le porter. Aussitôt elle prend Milord dans ses bras,

C iv

j'en fais autant , & nous avançons en arrosant son corps de nos larmes.

Nous ne marchâmes pas long-tems sans appercevoir plusieurs de nos domestiques , qui , inquiets de ne point nous revoir , venoient nous chercher. Ils nous aiderent à porter mon amant jusqu'à notre logis. Là, nos pleurs redoublerent. Un Chirurgien François , qui se trouvoit dans le même endroit que nous , accourut à nos cris ; il regarde Milord Waller. Que vos larmes se tarissent , Mesdames , nous dit-il, après l'avoir visité ; ce Cavalier vit encore ; je vous réponds de sa vie : il n'est dans cet état qu'à cause du sang qu'il a répandu. Ces paroles nous rendirent quelque espérance ; nous regardâmes ce Chirurgien comme un homme qui nous étoit envoyé du Ciel. Pour le mieux engager à nous servir, nous lui offrîmes nos diamants, tout ce que nous possédions. Cet homme généreux ne voulut rien prendre, il nous a tenu parole ; par ses soins, Milord a recouvré la santé, & se porte maintenant aussi-bien qu'auparavant.

A l'heure même que je t'écris, il est derriere moi, il s'amuse à badiner avec mes cheveux : ses regards s'animent à la vue de mon sein qui s'agite ; quelquefois sa bouche vient me dérober un baiser. Adieu, ma chere Tilnei : s'il est des moments où l'amour est un tourment, combien en est-il où cette passion nous amuse ! elle embellit nos charmes, & semble donner à l'âme une nouvelle existence.

ÉLISABETH AURELI.

A la Haye, ce 5 Novembre 1764.

C v

LETTRE VI.
A LA MÊME.

JE t'écris de Bruxelles *, où je ne compte pas faire un long séjour, croirois-tu que cette Ville si voisine de la France, ne renferme que des citoyens, qui craignent de s'instruire & qui rougissent d'apprendre.

---

* Je fus un jour chez un très-honnète homme de cette même Ville qui avoit une nombreuse bibliothèque ; il connoissoit tous ses livres par leur nom ; mais il m'avoua ingénuement qu'il ne les avoit jamais lus. Cela vous surprend, me dit-il ; apprenez que chez nous un savant est fort peu estimé ; un Bourgeois, un Noble seroit raillé, s'il s'avisoit d'écrire. Nous ne le permettons qu'à nos Docteurs ; encore n'ôsent-ils se faire imprimer de leur vivant ; il faut qu'ils attendent après leur mort. On peut juger par-là du progrès que doivent faire les Sciences chez un peuple où Milton, Corneille & Pope seroient mis au-dessous d'un Marchand de papier & d'allumettes.

Si l'on ne trouve pas dans cette Ville de grands-hommes, l'on y voit du moins des chofes qui leur ont appartenu. Je fus hier vifiter l'Arfenal du Prince ; quoique ce lieu ne contient que des armes, des cafques & des armures très-anciennes, c'eft peut-être un des lieux de l'Europe qui mérite le plus l'attention du voyageur.

Je ne te ferai point l'énumération de tout ce que j'ai vu dans cet endroit, cela me demanderoit trop de tems.

Un habile Phyfionomifte voit une perfonne, l'envifage, & dit tout-d'un-coup quels font fes vices & fes vertus ; tu ne voudras pas croire, que fans fe tromper l'on peut en dire autant d'un homme mort il y a plus de trois-cents ans.

Qu'on faffe entrer dans cet Arfenal, une perfonne qui n'a aucune connoiſſance de notre hiſtoire, qu'il connoiſſe ſeulement l'homme en général & ſes différentes paſſions; montrez-lui l'armure entiere de Charles le Téméraire, dernier Duc de Bourgogne; il vous dira que ce Prince devoit être féroce, hardi & entreprenant.

Faites voir à ce même homme celle de Charles-Quint; il vous dira, ſans héſiter, celui-ci devoit être ruſé, adroit, diſſimulé. Si vous lui en préſentez d'autres, il devinera toujours ce qu'ils ont été & ne ſe trompera jamais.

Je ne pouſſe pas plus loin mes réflexions, parce que je crains de t'ennuyer. Changeons donc de propos, entretenons-nous de choſes plus intéreſſantes pour toi, & parlons de ce qui me regarde.

Milord Waller continue toujours de ſe bien porter; & Milady G...

qui a voulu venir avec nous, est plus que jamais amoureuse de lui. Suivre quelqu'un qui nous aime, si cette démarche n'est point excusable aux yeux de tout le monde, elle est du moins dans la nature : mais abandonner ses enfants, oublier ce qu'on doit à un époux, pour accompagner un homme, qui n'a pour nous que de l'indifférence, se voir préférer une autre, être témoin des caresses qu'on lui prodigue & ne point surmonter sa passion, c'est le comble de l'aveuglement & de la folie.

Mon amant reçoit tous les jours des lettres de ses amis, qui le félicitent sur le rétablissement de sa santé ; le Chevalier Tonneley est regardé comme un malheureux, pour s'être prêté à la vengeance de Milady. S'il retourne en Angleterre, je ne lui conseille pas de se montrer en public ; car il pourroit lui arriver quelque aventure disgracieuse.

J'ai appris avec plaisir que mon cousin Murrai avoit été fait Capitaine de Vaisseaux, il le mérite. Dans cette derniere guerre, il s'est acquis la réputation d'un Officier très-expérimenté dans la marine.

Mande - moi, je te prie, ce que fait actuellement le Lord Mailbourg ; a-t-il obtenu de la Cour la charge qu'il demandoit ? Fait-il toujours l'important ? Je ne connois personne aussi suffisant que lui ; à l'entendre, lui seul conduiroit l'État ; il parle, il décide de tout selon ses petites lumieres ; nos Généraux, dit-il, n'ont fait que des bévues dans les dernieres campagnes ; & nos Ministres, dans le traité de paix, ont négligé l'intérêt de la nation. Quel pauvre petit homme ! Rien de si mince que toute sa personne, rien de si étroit que son génie ; & cependant il ôse apprécier le mérite des autres :

pardon, chere Tilnei, j'oubliois qu'il
étoit ton parent ; quoique ce ne soit
pas un titre pour être sot, si je m'en
étois souvenue, j'en aurois parlé avec
plus de ménagement. Adieu, Milord
t'embrasse, je t'embrasse aussi, & je
suis toujours

Ta chere ÉLISABETH AURELI.

A Bruxelles, ce 12 *Novembre* 1764.

LETTRE VII.

MA chere Tilnei, partage ma joie, j'ai enfin trouvé un homme tel que je le souhaite. Je dinai hier à mon auberge avec plusieurs étrangers, qui firent tomber la conversation sur les plus fameux Ecrivains de ce siècle. Je ne sais, dit l'un, pourquoi l'on a empêché les Éditeurs du Dictionnaire Encyclopédique, de continuer leur ouvrage. Ils n'en sont pas fâchés, répondit un autre ; les matériaux leur manquoient ; & lorsqu'ils en auront amassé, vous les verrez solliciter une permission, qu'on leur accordera volontiers. Vous vous trompez, reprit un troisième ; je pense qu'ils laisseront cet ouvrage imparfait. Je le crois, dit à son tour un jeune homme qui étoit à côté de moi ; ils verront avec plaifir d'autres favans achever leur ouvrage, afin que le public puiffe faire entr'eux une comparaifon, qui ne manquera pas d'être à leur avantage. Vous ne connoiffez guères ces Meffieurs, répliqua doucement un homme d'un certain âgé, qui étoit placé vis - à - vis de moi ; l'ouvrage qu'ils ont entrepris, prouve qu'ils préfèrent l'intérêt public à leur propre gloire ; & s'ils ont ceffé de travailler, c'eft parce qu'ils ont été perfécutés. Plufieurs d'entr'eux font morts, continua - t - il ; d'autres fe fe font retirés en Pruffe, & même celui qui travailloit à l'article de la jurifprudence eft actuellement à Bruxelles.

Vous connoiffez fans doute cet Auteur, dis-je au vieillard qui venoit de parler ; de grâce, apprenez-moi sa demeure, & faites-le moi connoître. Volontiers, reprit-il ; je m'offre de vous conduire chez lui lorſque nous aurons dîné.

Au ſortir de la table, nous nous rendîmes chez l'Auteur des mœurs ; ſa phyſionomie n'annonce pas un grand génie : mais l'on trouve chez lui ces égards, cette urbanité, cette douceur, dont il a fait de ſi beaux portraits.

Il eſt inutile de te raconter la réception qu'il me fit. Parlons plutôt de ſon livre charmant ; rappelle-toi que nous l'avons lu ſouvent enſemble, pendant le dernier ſéjour que nous avons fait à la campagne. Nous le préférions à la Bruyere ; ſes portraits, diſions-nous, ſont plus dans la nature ; il peint avec moins de force, mais il a plus de grâce dans l'expreſſion ; ſes couleurs ſont mieux

nuancées ; chaque trait ajoûte toujours au tableau quelque beauté nouvelle, & s'il n'eût point parlé du
culte intérieur & extérieur, nous
n'aurions aucun livre de morale,
qui pût lui être comparé.

J'ai vu un éclaircissement sur cet
ouvrage ; il est peu digne de son Auteur. Monsieur Toussaint, pour son
honneur, auroit mieux fait de se
taire ; son livre a plus d'esprit que
lui ; qu'on le lise, & il sera justifié.

Depuis plusieurs années, il vit à
Bruxelles, & n'a d'autres ressources
que la gazette, qui lui rapporte fort
peu de chose. S'il n'avoit point fait
les *mœurs*, il auroit obtenu la place
de Professeur en langue Françoise à
l'Université de Louvain, je crois
même que c'est-là le motif ; qui l'a
forcé à faire son éclaircissement. Mais
ce dernier Ouvrage, n'a servi qu'à
faire voir qu'un homme d'esprit ba-

varde & ne fait ce qu'il dit, lorfqu'il veut penfer comme le commun des hommes & plier fes idées à celles des autres.

Il compte, à ce qu'il m'a dit, partir dans peu pour Berlin; le Roi de Pruffe connoît fon mérite, & lui fait un fort, qui l'empêche de regretter Bruxelles & fa patrie. Pour moi, je pars demain pour Paris; qu'il me tarde d'être dans cette Ville, afin de pouvoir juger par moi-même d'une nation, à laquelle nous prêtons tant de ridicules & que nous fommes fouvent forcés d'imiter.

J'ai reçu une lettre de ma vieille tante, qui m'accable de reproches. Le Docteur Towin m'a auffi écrit pour me prier de lui donner de mes nouvelles; je le ferai avec plaifir, c'eft un homme qui m'a toujours beaucoup aimée.

ÉLISABETH AURELI.

A Bruxelles ce 15 *Novembre* 1764.

LETTRE VIII.

A LA MÊME.

TU es donc devenue sensible ? Ma chere Tilnei , tu connois à présent l'amour ; dis , cette situation ne vaut-elle pas mieux que la triste indifférence , dans laquelle tu vivois auparavant ; ton cœur , jusqu'alors concentré au dedans de lui - même , peut maintenant se répandre dans le sein d'un homme aimable. Quel plaisir pour toi de pouvoir lire dans ses yeux , que tu fais son bonheur ! Quelle volupté de voir son trouble, & de le partager? Tout cela n'est rien, lorsqu'on le compare à cet instant de délire , où l'ame égarée , semble brûler d'un feu divin , & croit s'échapper vers son Auteur. Voilà , ce

que je sens , & tu l'éprouve aussi ,
ma chere Tilnei ; lorsque, seule avec
ton amant, tu oublies tout l'univers
pour ne t'occuper que de lui.

Pardonne, chere Tilnei, le désordre de cette lettre, c'est l'amour qui
me l'inspire. Je crois que ce Dieu
réside tout entier dans mon cœur.
Oui , c'est lui-même ; je le sens à
l'ardeur dont il m'enflamme ; où es-
tu , cher Waller ? Que fais-tu maintenant loin de moi ? Viens soulager
les maux que j'endure ! Viens étein-
dre le feu qui me dévore . . . . ! Que
dis - je ! Viens plutôt l'augmenter,
viens . . . . O trop heureuse Auréli !
c'est lui qui s'avance ; il est déjà dans
tes bras . . . ! Arrête, cher Amant . . .
Que fais-tu? Quoi ! mes prières, mes
larmes, loin de t'attendrir , ne font
que t'animer . . . . moi-même je ne
me connois plus , j'aide à ma défai-
te ; je te résiste en vain, mes bras

veulent te repousser , & te pressent
contre mon sein ; ma voix te crie
d'arrêter , & ma bouche t'invite à la
baiser. C'en est donc fait ! .. Où suis-
je?... Où vais-je ?... Cher Amant ,
ne m'abandonne point .... Dieux !
Je t'appelle inutilement, tu ne m'entends plus ... tes yeux se ferment à
la lumière ... les miens se couvrent
d'un nuage ... je crois jouir de l'immortalité.

ÉLISABETH AURELI.

A Paris, ce 5 Janvier 1765.

LETTRE IX.

Au Docteur Towin.

CHER Docteur, votre lettre m'a fait beaucoup de plaisir; j'ai été charmé de voir que j'avois du moins un parent, un honnête homme, dans mon parti, & cela m'a consolé du mépris des autres.

Je ne connois point encore affez les François, pour fatisfaire aux demandes que vous me faites; il ne fuffit pas, pour juger du bonheur de cette nation, d'avoir vu Paris & la Cour; il faudroit parcourir les Provinces, pour décider qui, de l'Anglois, ou du François, eft le plus heureux. Je vous dirai, cependant, que tous les étrangers préférent ce féjour à leur Pays; c'eft ici qu'ils

viennent

viennent se perfectionner , & qu'ils apprennent à concilier l'humanité avec l'amour de la patrie.

Cet aveu surprendra sans doute , dans la bouche d'une Angloise ; mes compatriotes, accoutumés à mépriser leurs voisins , & à se regarder comme les seuls êtres qui pensent , s'imaginent qu'au sortir de l'Angleterre il n'y a ni salut , ni félicité ; que penserez-vous de moi , cher Docteur, si je vous dis que ma nation , avec les plus belles loix du monde , est la moins heureuse de l'Europe ?

Vous ne serez point surpris de ce que j'avance , si vous faites attention que l'Anglois est vertueux , ou vicieux par singularité ; il ne sait point garder de juste milieu. Aujourd'hui , il ose commander à ses Rois , & leur prescrire des devoirs. Demain, vil esclave, il s'humilie sous une femme & caresse la main qui l'opprime : en un mot, l'Anglois est une nation presque toujours ivre, pour peu qu'elle cesse de réfléchir ; ses passions dégénerent en fureur. Telle femme qui s'est donné la mort, parce que son amant est devenu infidèle, eût peut-être cessé de l'aimer à son tour, si elle eût attendu vingt-quatre heures de plus.

Suivez l'Anglois dans toutes ses actions, vous appercevrez toujours l'homme singulier. Un Bourgeois de Londres affecte d'avoir les cheveux plats & crasseux, il porte un habit sans plis, & dont les manches remontent jusqu'aux épaules ; équipé de la sorte, il regarde en pitié le François, qui se met de façon qu'on peut appercevoir l'élégance de sa taille, & la belle proportion de son corps.

Dites, mon cher Docteur, pourquoi sommes-nous toujours opposés à nos voisins, même pour des bagatelles? Autrefois la taille de nos habits étoit longue; celle des François étoit courte; ceux-ci se sont apperçus que la leur étoit désagréable; ils l'ont quittée, & se sont habillés comme nous; qu'avons-nous fait? Voyant qu'ils nous imitoient, nous avons pris leur ancienne mode. Avons-nous gagné au change? Non, sans doute; nous avons troqué un ridicule contre un agrément, nous le savons bien: mais nous aimons mieux faire rire les autres, plutôt que de nous habiller comme eux.

Nous nous regardons comme le peuple le plus libre de l'univers. Sur quoi est fondée cette prétendue liberté? Sur des riens. Le fils d'un Duc ne rougit point d'entrer au service d'un Marchand, pour garçon de boutique; un Milord épouse publiquement une Courtisanne ; une fille se soustrait à l'autorité paternelle, pour aller se jeter dans les bras d'un portefaix, qu'elle a choisi pour son époux. Voilà du grand & de l'héroïque, s'écrie un Anglois ! C'est ainsi qu'on se met au-dessus des préjugés.

Examinons de près, quel est le motif qui fait agir ces trois personnes ; nous verrons que le premier n'est qu'un homme, dont l'âme crasse est conduite par une vue d'intérêt ; que les deux autres n'ont que des inclinations basses ; qu'accoutumés à une vie libre & libertine, ils ne se mésallient, que pour se soustraire aux égards & aux attentions, qu'exigeroit une femme ou un homme, dont le rang égaleroit le leur.

Si j'avois un souhait à faire pour l'Humanité, je voudrois que tous les hommes pussent naître dans la grande-Bretagne ; qu'après s'y être accou-

tumés à penfer fortement, ils l'aban-
donnaffent pour venir en France ref-
pirer un air plus tranquile. A peine y
auroient-ils fait quelque féjour, qu'ils
oublieroient leur premiere patrie. Ils
avoueroient de bonne-foi, qu'il y a
des hommes auffi fages qu'eux ; ils
apprendroient à remplir les devoirs
de la fociété : en conféquence, ils
prendroient des mœurs plus douces ;
leur caractere feroit plus liant ; ils
feroient par goût & par plaifir, ce
qu'auparavant ils ne faifoient que
par vanité & par fyftême ; quand
même ils troqueroient quelques vertus contre quelques foibleffes, ils y
gagneroient encore, puifqu'ils en
connoîtroient mieux le prix de
l'exiftence.

Tous les étrangers n'entendent
parler qu'avec furprife, de ce grand
nombre d'Anglois, qui fe donnent
la mort, fans avoir aucun fujet de

haïr la vie. Pour moi, je suis étonnée qu'il n'y en ait pas davantage. Comment veut-on qu'un atrabilaire ne soupire pas après l'instant où il doit cesser d'être , s'il n'apperçoit autour de lui que des visages tristes & sombres , si le plaisir & la joie fuient toujours loin de sa présence , si ceux qui l'environnent sont aussi malades que lui.

Tirez - moi cet homme hors de son pays ; transportez-le , comme je viens de le dire , chez une nation qui regarde le plaisir , comme une chose nécessaire pour pouvoir subsister. Faites-lui fréquenter ces cercles , où l'on cesse un instant de penser , pour ne s'occuper que d'agréables folies , où les femmes sont plus jalouses d'être aimables que belles; vous verrez peu-à-peu son front se dérider; ses yeux seront plus vifs; cette masse , qui se remuoit à peine, s'animera tout - à - coup ; le sourire paroîtra sur ses lèvres ; & ses organes, n'étant plus gênés, laisseront à son âme la liberté de se montrer telle qu'elle est.

Adieu, cher Docteur, la poste qui va partir ne me permet pas de vous en écrire davantage. Je suis avec respect votre

ÉLISABETH AURELI.

A Paris, ce 12 Janvier 1764.

LETTRE X.

A MISS TILNEI.

EST-CE bien toi, ma chere Tilnei, qui viens de m'écrire? Est-ce bien bien là le style de la modeste, de l'indifférente Charlotte? Quelle délicatesse dans tes expressions! Ninon, la voluptueuse Ninon, ne parleroit point autrement! Que de feu! Que d'énergie. Quelle force de pinceau, dans le portrait que tu me fais de l'amour! A t'entendre, on diroit que tu connois ses plus secrets mystères.

De toutes les passions, me dis-tu, l'amour est celle qui nous affecte le plus délicieusement. Pour en bien goûter les plaisirs, il faut d'abord lui résister, paroître le braver, l'éloigner quelque tems, puis le rappeler,

lui réfifter encore , & lui céder enfin, de peur qu'il ne s'envôle pour
toujours.

Avoue, ma chere Tilnei, que l'a-
mour eft un grand maître. Auffi les
Anciens, étonnés du pouvoir qu'il a
fur nos âmes, l'ont repréfenté comme
le plus puiffant des Dieux : le tems
qui détruit tout , n'a pu diminuer fa
puiffance ; l'univers le révère encore,
& la nature eft foumife à fes loix.

Cependant, par une bifarrerie ,
que je ne puis comprendre , quoique ce Dieu règne defpotiquement
fur tous les cœurs , le culte qu'on lui
rend n'eft pas le même chez toutes
les nations. L'Hottentôt l'adore fous
la figure d'un magot hideux & dé-
goûtant; les Cafres annoncent fa préfence par des cris & des grimaces ;
le Caraïbe, nourri du fang de fes ennemis, vient lui offrir les chevelures
qu'il a enlevées.

D v

En Europe, l'hommage qu'on lui rend est moins monstrueux; il y a même un peuple, à qui ce Dieu a montré la façon dont il vouloit être adoré : le François est cet heureux peuple ; c'est chez lui que les autres nations viennent se débarrasser de leurs ridicules, qu'ils s'humanisent & qu'ils apprennent à plaire.

Chez nous l'amour est sombre, triste, mélancolique ; il ressemble à nos misanthropes ; pour devenir sociable, il est obligé de passer la mer.

En Allemagne, en Suisse, en Russie, c'est un grossier qui n'admet point le sentiment, & qui ne se plait que dans la débauche.

En Italie, chez les Espagnols, c'est un fou toujours en délire.

En France, c'est un enfant que les Grâces ont pris soin d'élever; souvent il change de forme, sans cependant cesser d'être aimable. A la toilette d'Iris, il folâtre & badine sans cesse. Au lit, avec Ismene, il est passionné, tendre, voluptueux. Tête-à-tête, avec l'innocente Agnès, il est timide & soumis. A table, avec Hébé, il boit à Bacchus ; mais c'est lui-même qui verse le nectar.

Adieu, chere amie, j'entends l'amour qui m'appelle ; je te quitte pour vôler à lui.

ÉLISABETH AURELI.

A Paris, ce 16 Janvier 1764.

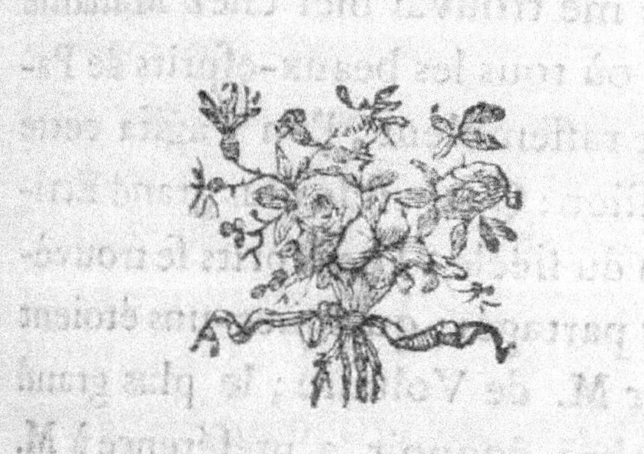

LETTRE XI.

AU DOCTEUR TOWON.

VOUS voulez que je vous dise ce que je pense du Citoyen de Genève; me convient-il d'ôser apprécier le mérite d'un si grand-homme? Je me tromperois à coup sûr ; c'est pourquoi, j'aime mieux faire parler les autres.

Je me trouvai hier chez Madame .... où tous les beaux-esprits de Paris se rassemblent ; l'on y agita cette question : Quel est le plus grand Écrivain du siécle ? Les esprits se trouvèrent partagés ; quelques-uns étoient pour M. de Voltaire ; le plus grand nombre donnoit la préférence à M. Rousseau ; je fus la seule à donner ma voix, pour l'Auteur de ce beau chef-d'œuvre qui se trouve à la tête du Dictionnaire Encyclopédique.

M. Rousseau est donc le plus grand écrivain de son siècle ; cependant ses ouvrages, disent même ses partisans, laissent toujours à desirer ; il enchante à la vérité par la grandeur des idées, par la beauté des détails, & par l'élévation de son style ; mais l'âme n'est point contente après l'avoir lû.

Ce n'est pas pour faire la satyre de M. Rousseau, que je répete ce que j'ai entendu dire. Si les hommes de génie ne s'égaroient jamais, on seroit tenté de les prendre pour ce qu'ils ne sont pas. M. d'Alembert, tout judicieux qu'il est, s'est bien trompé, selon moi, en disant qu'il n'avoit manqué à Racine, pour surpasser Corneille, que de vivre comme lui. Ce Savant, en portant un pareil jugement, n'a pas fait attention que les hommes, à moins qu'ils ne soient génés par certaines loix *, ou par un gouvernement tyrannique **, ont tous un goût particulier, qui les domine.

Ces deux Poëtes, en vivant comme ils ont fait, n'ont suivi que leur penchant. Pour bien connoître la raison qui les a déterminés à embrasser un genre de vie si différent, c'est dans la nature de leur âme qu'il faut la chercher. C'est parce que Corneille l'avoit grande, qu'il se suffisoit à lui seul, & qu'il fuyoit la Cour. C'est parce que Racine l'avoit foible, &

---

* En lisant ce qu'ont écrit les Espagnols, on croiroit qu'ils ont tous été inspirés par le même génie : on s'apperçoit que l'inquisition a fait trembler l'Auteur.

** Dans un Etat despotique il n'y a point de goût particulier ; il n'y a qu'un goût général : c'est celui de la servitude. Lisez les Ouvrages des Orientaux ; tous se ressemblent : quelque tournure que nous leur donnions, on y reconnoît toujours la main de l'Esclave.

qu'il n'étoit pas content de ſa propre grandeur, qu'il fut un courtiſan. Il ne faut que conſidérer Racine mourant, pour être de mon ſentiment. Corneille n'eût jamais fini ainſi. Sa vertu étoit toute à lui, elle ne dépendoit point du caprice des autres.

D'après cela, j'ôſe ſoutenir que les pièces de Racine euſſent été moins parfaites, s'il eût vécu comme Corneille. Il eût ajouté des défauts à ceux qu'il avoit; ſa diction eût été moins pure, ſes vers moins harmonieux; il n'eût pas pour cela donné à ſes perſonnages ce ton de grandeur, qui caractériſe ceux du Pere du théâtre; pourquoi cela? parce qu'il n'avoit pas l'étendue de ſon génie, parce que ſon imagination ne pouvoit embraſſer qu'un petit nombre d'idées, qui, toutes enſemble, ne pouvoient ſuffire pour faire un homme véritablement grand. C'eſt à cette ſeule cauſe qu'il faut attri-

buer la ressemblance qui se trouve
dans ses caracteres.

ÉLISABETH AURELI.

A Paris, ce 22 Janvier 1764.

LETTRE XII.

A MISS TILNEI.

CHERE amie, le Chevalier Tonnelei est à Paris : nous l'avons rencontré dernièrement en venant de Compiegne. Le jour commençoit à tomber , & il nous restoit encore la moitié du chemin à faire.

Milady G..... étoit avec nous , elle fit remarquer à Milord quatre ou cinq hommes , qui étoient venus le rejoindre à l'entrée d'un bois où nous devions passer. Si vous m'en croyez, continua-t-elle , nous n'irons pas plus loin. Le malheureux forme contre nous quelque mauvais dessein. Qu'importe ? répondit Waller , avançons toujours. De grace , arrêtons, repliqua Milady. Je joignis mes prières à ſes remontrances, il ſe rendit & nous prîmes le parti de coucher dans le Village où nous étions.

Nous priâmes un payſan de nous enſeigner une auberge, où nous puſſions deſcendre. Il n'y en a point dans cet endroit, nous dit-il : mais je connois un très-honnête homme, qui ſe fera un plaiſir de vous loger. Il y a ſix francs pour toi, lui dis-je, ſi tu veux nous y conduire. Volontiers, me répondit-il, ſuivez-moi. Sur le champ il ſe met à marcher devant nous & nous fait entrer dans une mâſure, au bout de laquelle étoit une petite maiſon, qui n'annonçoit pas un maître opulent. Au bruit que nous faiſions parurent deux hommes accompagnés d'une femme, belle comme le jour. Je vous amène bonne compagnie, leur dit le payſan : ces Dames viennent vous demander à coucher.

Soyez les bien venus , nous dit le plus âgé , en s'avançant vers nous. Auſſi - tôt il ouvre la portiere de notre équipage , me préſente la main ; le plus jeune la donne à Milady , & nous entrons dans un appartement , dont la propreté & la ſimplicité des meubles , m'offrirent un plaiſir , que je ne connoiſſois point encore.

Henriette , (c'eſt le nom de la jeune femme) nous préſenta des rafraichiſſemens , avec une aiſance & une grâce qui nous ſurprit. Quoique vétue en payſanne , on remarquoit en elle quelque choſe de noble & de grand , ſon teint n'étoit point hâlé par le Soleil , & ſes mains auſſi blanches que la neige , paroiſſoient n'être point accoutumées à un travail vil & groſſier. Le jeune homme avoit le ton , les manieres du monde ; & le vieillard , malgré ſon habit de burre , inſpiroit du reſpect.

Tandis que j'étois occupé à examiner Henriette, Milord cauſoit avec
le plus jeune de nos Hôtes , dont
la phyſionomie l'avoit frappé. Il s'apperçut par les réponſes que celui-ci
fit à ſes queſtions , qu'il n'étoit pas
fait pour l'état dur qu'il avoit em-
braſſé. Waller ne put s'empêcher de
le lui témoigner & de le plaindre.

Milord , lui dit le jeune homme,
ceſſez de vous attriſter ſur mon ſort ;
tel que vous me voyez , je ſuis heureux ; voici mon pere , voici ma
ma femme : l'un eſt honnête-homme,
l'autre eſt vertueuſe & belle ; avec
deux compagnons ſemblables, croyez-
vous qu'on puiſſe être malheureux?
Non, ſans doute, répliqua Waller, qui
dans ce moment jeta un regard ſur
l'aimable Henriette ; avec une pareille compagne on peut être heureux
par-tout. Mais dites-moi, Monſieur,
quels ſont les malheurs qui vous ont

réduit dans l'état où je vous vois ?
Par quelle aventure êtes-vous devenu le mari de cette belle Villageoise.
Je peux vous instruire de tout cela
en peu de mots ; répondit le jeune-
homme : donnez-moi un moment
d'attention.

Chere Tilnei , excuse - moi , si je
ne te fais point part aujourd'hui de
cette histoire ; le tems ne me le permet pas.

ÉLISABETH AURELI.

A Paris , ce 30 Janvier 1764.

LETTRE XIII.

A LA MÉME.

L'HISTOIRE que je t'envoye est intéressante par la singularité des personnages ; lis-la , je te prie, avec attention.

Histoire du Comte de ***.

Cher Milord , avant de vous dire comment j'ai fait la connoissance de l'aimable Henriette & de son vertueux pere , il est nécessaire de vous faire part des égaremens de ma jeunesse.

Je n'avois pas vingt ans , lorsque la mort de mon pere me rendit libre & indépendant ; le premier usage que je fis de ma liberté, fut de renoncer à l'état pour lequel j'étois destiné. Depuis cet instant, je ne fis qu'accumuler sottises sur sottises; toutes les passions ensemble trouverent place dans mon cœur. Mon âme, avide de plaisirs, les dévora tous à la fois.

Avec un caractere semblable au mien, l'on est presque toujours la dupe des personnes que l'on fréquente. Droit & sincere, zélé pour mes amis, nommant tout haut mes ennemis, incapable de tromper, ignorant l'art de feindre, toujours prêt à sacrifier ma fortune, ma vie même, pour des gens que je connoissois à peine; voilà ce que j'étois alors, & je croyois de bonne-foi que tous les hommes me ressembloient.

Heureusement pour moi, je ne restai pas long-tems dans cette erreur; le peu que j'avois fut bientôt dissipé, mon inconduite me fit perdre

la confiance de ceux qui me proté-
geoient ; mes amis ceſſerent de l'être,
ou plutôt ſe montrerent à découvert ;
dénué de tout, abandonné de mes parens, il ne me reſta d'autre reſſource
que ma fierté & mon courage.

Après avoir vendu quelques bijoux
qui me reſtoient encore, je me reti-
rai au pied d'une colline, où je fis
conſtruire une cabanne, & ayant cal-
culé ce qu'il falloit de terre pour
fournir à ma ſubſiſtance, je l'achetai,
& je donnai tous mes ſoins à la cultiver.

Il y avoit plus de quatre ans que
je vivois dans ma ſolitude, lorſqu'un
jour j'entends frapper à ma porte ;
j'ouvre, j'apperçois un vieillard de
ma connoiſſance, qui, pour ſe mettre à l'abri de l'orage, venoit me
prier de lui donner un aſyle. Mon
pere, lui demandai-je, lorſqu'il fut
entré, qui peut vous amener à cette

heure

heure dans ces lieux écartés ? Hélas !
me répondit-il, c'est l'amour pater-
nel. J'avois trois enfans, deux sont
morts pour la patrie, il ne me reste
plus qu'une fille retirée depuis plusieurs années chez la veuve de mon
frere: cette femme, qui ne m'a jamais
vu, parce qu'elle est toujours répan-
due dans le grand monde, n'a rien
négligé pour procurer à ma fille un
établissement honnête & avanta-
geux ; mais cette enfant, dégoû-
tée de la vie tumultueuse & dissipée,
n'ayant peut-être aucun goût pour
l'époux qu'on lui destine, veut se
retirer dans un Couvent, pour y
vivre tranquilement le reste de ses
jours. Je suis pauvre, mais j'aime
mieux me priver d'une partie du
nécessaire, & la ramener chez moi,
plutôt que de lui permettre d'embrasser un parti, qui ne convient
nullement à une fille sage & ver-
tueuse.   E

Pourquoi contraindre l'inclination de votre fille, dis-je à ce vieillard? Elle a sans doute quelque raison de haïr le monde. Croyez-moi, laissez-la suivre sa vocation ; le bonheur & la vertu ne se trouvent que dans la retraite. Je ne suis point surpris de vous entendre parler ainsi, me répondit le vieillard ; en prenant la défense de ma fille, vous soutenez votre cause. Cependant si vous vouliez raisonner un instant avec moi, peut-être serois-je assez heureux pour vous faire voir la fausseté de vos maximes, & vous rendre à la société.

Apprenez-moi, continua cet honnête vieillard, ce que vous entendez par vertu ; vous croyez qu'elle consiste à détester les méchans, à affecter des mœurs austères & sauvages, à fronder les préjugés, & à fuir le commerce des hommes ; vous vous égarez, Monfieur, fi vous prenez cela pour elle. Le vrai fage fe comporte autrement ; fachant qu'il fait partie de ce corps immenfe, qu'on appelle genre humain, il y refte attaché, & ne s'en écarte point: tranquile au milieu du tumulte, il fait maintenir fon ame dans une efpèce d'égalité ; occupé de fes propres affaires, il ne fe mêle point de celles des autres ; il voit d'un œil fec les défordres qui règnent dans la fociété; & laiffant le peuple courir après des chimères, il garde pour foi feul fa façon de penfer, ou du moins n'en fait part qu'à quelques amis, qui, comme lui, cherchent la vérité.

A cet endroit, j'interrompis le vieillard. Où trouver cette vérité, lui dis-je, fi ce n'eft dans la folitude? Vainement, je la chercherois parmi les hommes; je les crois tous méchans, & même, fi j'avois toujours continué de vivre au milieu d'eux, j'ignorerois le premier de mes devoirs, je ne me connoîtrois point encore. Luttant fans ceffe contre une infinité de paffions, aujourd'hui vertueux, demain criminel ; enfin, femblable à eux, dites quel feroit mon bonheur? Où pourrai-je le trouver?

Quoi ! reprit le vieillard, la paffion vous aveuglera-t-elle toujours, & ne vous fervirez-vous de vos lumieres, que pour voir les objets différens de ce qu'ils font ? Ceffez pour un moment d'être fingulier ; je vous forcerai de convenir qu'il exifte des âmes vertueufes qui font leur unique occupation du bien-être des autres. Mais j'admets pour un inftant votre façon de penfer. Je veux que tous les hommes foient méchants ; je n'en excepte qu'un feul. Quel fera le devoir de ce dernier ? Selon vous,

il doit fe retirer dans les déferts , &
renoncer à la fociété : s'il prenoit ce
parti, il feroit cent fois plus méprifable que ceux qu'il fuiroit. J'aime
mieux un méchant , qui vit au milieu de fes femblables , qu'un prétendu fage,qui, regardant le refte des
hommes en pitié , ne vit que pour
lui feul. Que feroit ce fage parmi les
hommes ? Il leur crieroit fans ceffe :
refpectez les loix , aimez votre patrie;il les porteroit à la vertu par fon
exemple : enfin il leur diroit ce que
Pythagore difoit à fes difciples: faites
le bien , fi vous voulez vous rapprocher des Dieux. Pendant tout le
cours de fa vie , n'eût-il fait qu'un
Profélyte,ce feroit encore beaucoup,
puifqu'après lui il refteroit un honnéte-homme fur la terre.

Ce refpectable vieillard , s'appercevant que fon difcours faifoit impreffion fur mon cœur , & que je retenois mes larmes prêtes à s'échapper , s'avança vers moi ; il prend une de mes mains qu'il presse dans les siennes : courage, mon fils, me dit-il, ne rougissez point d'avouer votre erreur ; vous ne vous êtes égaré jusqu'à présent , que faute d'un bon guide pour diriger vos premiers pas ; je veux bien vous en servir, & si vous voulez me suivre , je vous ferai voir que le sage a des devoirs à remplir dans la société ; que son propre bonheur dépend de ces mêmes devoirs ; & que, s'il s'en écarte, il ne pourra jamais se procurer cette paix intérieure, qui permet à l'âme de jouir d'elle-même , & de connoître tout ce qu'elle vaut.

Un aveugle, qui tout-à-coup voit la lumiere , & dont la vue se promene dans l'immensité des Cieux, est surpris de tout ce qu'il apperçoit. Je le fus davantage , lorsque j'eus

connu que depuis quatre ans je n'a-
vois fait que déraisonner & extra-
vaguer ; cette idée m'accabla tellement, que je restai muet & immo-
bile. Ce respectable vieillard eut pitié de l'état où j'étois : je vois bien,
me dit-il, qu'un amour-propre mal-
entendu combat au-dedans de vous-
même ; la vérité se montre à vous,
& vous rougissez d'en convenir. Allons, continua-t-il, il faut abandonner votre demeure ; je vous offre
la mienne ; puisque vous savez vous
contenter du nécessaire, vous y trou-
verez de quoi fournir à votre subsistance ; vous ne verrez autour de
vous que des hommes laborieux qui
n'ont jamais de tems à eux, lorsqu'il est question de faire du mal,
& qui cependant savent dérober
quelques moments à leur travail,
quand il faut faire un bonne action.
En disant ces mots, il se leve, j'en

fais autant, comme si j'étois poussé par une force supérieure ; il sort de ma cabanne, & prend le chemin qui conduit chez sa fille ; je le suis sans lui rien dire, & sans regarder derriere moi.

Nous n'avions pas fait cinq-cents pas, lorsque nous vîmes sortir d'un bois, placé sur la gauche du chemin, un loup poursuivi par des Chasseurs. En entrant dans ce même bois, nous apperçûmes un cheval qui venoit de se débarrasser de son guide, & qui fuyoit à toute bride. Plus loin nous trouvâmes une jeune personne blessée, que des domestiques s'empressoient à secourir. La frayeur lui avoit ôté l'usage de la voix. Elle ne pouvoit se faire entendre que par des soupirs. Sa tête étoit nue ; une partie de ses cheveux tomboit épars sur ses épaules ; l'autre venoit lui couvrir le visage, que la sueur & le fang avoient défiguré ; fa robe étoit déchirée en plufieurs endroits ; le mouchoir qui couvroit fa gorge étoit arraché , & l'on voyoit fur cette même gorge l'empreinte d'une dent meurtrière.

Je me préparois à donner à cette infortunée les fecours dont elle avoit befoin , quand je vis tout-à-coup pâlir mon conducteur. Il s'avance avec précipitation vers cette jeune fille. On diroit qu'il craint de trouver en elle un objet qui lui eft cher ; il demande , en tremblant , la permiffion d'écarter les cheveux qui la dérobent à fa vue ; il souleve , en frémiffant , fa tête qui étoit penchée. Quelle vue pour tous deux ! Leurs yeux fe rencontrent ! ils fe reconnoiffent ! O ma fille ! ô mon pere ! s'écrient-ils dans le même tems. Ils n'ont pas la force d'en dire davantage ; ils fe précipitent

dans les bras l'un de l'autre , & confondent ensemble leurs larmes &
leurs soupirs.

Henriette , aux pieds de son pere,
versant des larmes ; que sa situation
rendoit intéressante ; qui , dans son
désordre , laissoit voir une partie de
ses charmes , me parut une fille ordinaire. Le récit même de son accident n'excita dans mon cœur qu'un
sentiment de compassion : mais Henriette, rendue au Château , me sem-
bla un Ange digne du respect & de
la vénération des hommes. Ah ! mon
cher Milord , si vous l'aviez vu comme moi au milieu d'une foule de
domestiques soumis à ses ordres , en-
vironnée de femmes qui la traitoient
d'égale, entourée de jeunes gens qui
s'empressoient à la servir , & qu'elle
voyoit tous les jours à ses pieds : si
vous l'aviez vu , dis - je , dans cet
instant, n'avoir d'attention que pour

un pauvre vieillard courbé fous le poids des années , vêtu groffiére- ment, que perſonne ne connoiſſoit ; ſi vous aviez été témoin de ſa ten- dreſſe pour lui , des careſſes qu'elle lui faiſoit : enfin ſi vous aviez vu comme elle étoit fiere d'avoir pour pere un homme vertueux , vous vous ſeriez proſterné à ſes pieds pour l'adorer.

Je ne vous dirai pas quelle fut en ce moment la ſurpriſe des hommes : il eſt inutile de vous peindre le ſou- ris moqueur des femmes. Je ne vous ferai point l'énumération des careſſes vraies ou fauſſes, dont on accabla le pere d'Henriette ; il me ſuffit de vous apprendre que cette aimable fille abandonna ſans peine le Château qu'elle habitoit , pour aller vivre dans une chaumière , changea ſes habits ſuperbes contre ceux d'une ſimple payſanne , & préférant son père aux grandeurs, aux richesses, se fit un plaisir de partager sa misere & son obscurité.

Je les ai suivis dans leur retraite; depuis deux ans j'y coule des jours heureux & tranquiles; Henriette, dont je suis devenu l'époux, me tient lieu de tout. Tandis qu'elle est occupée dans l'intérieur du ménage, je travaille avec son pere à cultiver un jardin, qui fournit à notre subsistance. Le soir, quand nous revenons du travail, nous sommes sûrs de trouver en rentrant la récompense des peines que nous nous sommes données. Voilà, mon cher Milord, la vie que nous menons : contents du peu que nous possédons, nous n'ambitionnons rien. Comme les hommes, qui nous environnent, sont laborieux, il nous est facile de soulager ceux que les années ou les maladies empêchent de travailler.

C'eſt une de nos occupations & le premier de nos plaiſirs.

Le Comte n'eut pas plutôt ceſſé de parler, que Waller me dit tout bas: plus je vous regarde , plus je tiouve que vous reſſemblez à la vertueuſe Henriette. Je t'avouerai , chere amie, que mon amour-propre trouva ſon compte dans ce compliment : Henriette eſt ſi belle , ſi aimable ! non , Milord ne m'a jamais rien dit de ſi flatteur. Adieu.

ÉLISABETH AURELI.

A Paris , ce 5 Février 1764.

LETTRE XII.

LETTRE DU DOCTEUR TOWON A MISS AURELI.

MA chere parente, votre premiere lettre m'a indifposé contre vous; c'eſt un farcafme continuel contre notre nation. La plupart des Auteurs François, par une manie que je ne puis comprendre, ne s'occupent qu'à déclamer contre les grands hommes de leur patrie, & nous élevent fottement au - deſſus d'eux; prenez garde de leur reſſembler.

Votre feconde Lettre me plait davantage; ce qui concerne M. Rouſſeau eſt juſte : en liſant fon diſçours fur les Sciences & celui qui traite de l'inégalité des conditions, j'admire l'Écrivain ; mais le Philosophe me donne de l'humeur.

On prétend ici que son Contrat social se trouve mot pour mot dans un Auteur Hollandois. J'ai lu les deux Livres, & je n'y ai trouvé aucune ressemblance : l'un est une méchante dissertation sur l'homme ; l'autre n'est pas un ouvrage parfait, mais du moins l'on y voit le dessein d'un grand tableau, à qui il ne manque que des couleurs.

Adieu, ma chere Cousine, le tems & mes occupations ne me permettent pas de vous en écrire davantage. Donnez-moi souvent de vos nouvelles, elles me feront toujours plaisir. Continuez d'aimer les François, ils le méritent ; mais souvenez-vous que votre Pays fait actuellement partie du corps national ; n'oubliez point ce que vous lui devez. Si vous n'appercevez chez les Anglois que

des défauts, ne les louez pas ; mais
taisez-vous : c'est ainsi que se comportent ceux qui aiment leur patrie.
Je suis avec tout l'attachement possible, votre, &c.

JACQUES TOWON.

A Londres, ce 10 Février 1764.

LETTRE XIII.

MISS TILNEI, A MISS AURELI.

MA chere Aureli, plains-moi,
viens essuyer mes pleurs, viens partager la douleur de ta pauvre Charlotte. Depuis quinze jours, je ne fais
que gémir & verser des larmes; tout
ce qui m'environne m'est à charge,
le jour même m'importune, & je
suis fatiguée de ma propre existence.

Tu n'ignores pas que je dépends
d'une tante : cette femme cruelle
me défend d'aimer, elle veut me
persuader que l'amour est un mal;
écoute, je te prie, l'étrange discours
qu'elle ma tenu.

Hier, elle me fait appeler; j'entre, elle étoit occupée à écrire : lorsqu'elle eut fini, elle me remit un

papier, qui contenoit les noms de plusieurs personnes, que l'amour avoit rendu malheureuses. Je n'eus pas plutôt cessé de le parcourir, qu'elle me demanda ce que j'en pensois. Voilà bien des infortunés, lui dis-je, mais je crois que le nombre des heureux est encore plus grand. Vous êtes dans l'erreur, ma chere niece, me répondit-elle ; le Lord Tompson vous aime ; vous l'aimez aussi ; tous deux aveuglés par votre passion, vous croyez qu'il ne manque à votre bonheur que d'être son épouse ; votre simplicité me fait pitié : donnez-moi un moment d'attention, & je vais vous défabuser.

Ma chere niece, ce n'est ni le caprice, ni l'âge, ni le dépit de ne pouvoir plaire, qui m'engagent à vous parler ainsi ; je n'envisage que votre tranquilité & votre bien-être. J'ai remarqué que le malheur a tou-

jours accompagné deux perſonnes,
qui s'aiment réellement : j'en ai fait
la triſte expérience, c'eſt pourquoi
je conclus qu'un pareil attachement
eſt contre les loix de la nature, dont
le ſeul but, en nous uniſſant, eſt de
perpétuer notre eſpèce. En effet, ſi
rien ne troubloit le bonheur de deux
parfaits amans, ils jouiroient d'une
félicité ſans borne, ils trouveroient
dès ce moment le ſouverain bien ;
j'ôſe même dire que, s'ils pouvoient
toujours vivre, le Ciel & ſes plaiſirs
ne les tenteroient point ; il leur im-
porteroit fort peu qu'il exiſtât un
autre monde ; ils verroient d'un œil
ſec preſque tout l'univers s'anéantir,
pourvu qu'il reſtât pour eux une petite portion de ce même univers.
Deux êtres, tels que je les dépeins,
ſe ſuffiſant à eux ſeuls, dérangeroient
les deſſeins que le Créateur a ſur
nous. Ainſi, ma chere niece, ſi vous

êtes sage, vous suivrez mes conseils, vous fuirez tout attachement. C'est une erreur de croire que l'homme est nécessaire à notre bonheur; si je ne me trompe, je crois que, tout bien combiné, nous sommes plus heureuses sans lui.

Représente-toi, chere amie, mon étonnement, lorsque j'entendis parler ainsi ma tante. J'essayai de combattre ses raisons; mais cette inflexible femme m'ordonna de lui obéir, sous peine d'être dèshéritée, & fit défendre à Milord Tompson l'entrée de sa maison.

Que faire dans cet embarras? Aide-moi, je te prie, de tes conseils; je sens qu'il m'est impossible d'oublier mon amant; je t'avouerai même que j'ai tenté plusieurs fois d'aller me jeter dans ses bras. J'attends ta réponse avec impatience, pour me détermi-ner touchant le parti que je dois prendre. Songe à mon amour, fonge à ma tante, & à la menace qu'elle ma faite. Combine bien toutes cho-fes, & dis-moi ce que tu aurois fait dans une pareille occafion.

CHARLOTTE TILNEI.

A Londres, ce 12 Février 1764.

LETTRE XIV.

MISS AURELI à MISS TILNEI.

SECHES tes pleurs, ma chere amie, bannis le chagrin de ton âme, n'y laisse regner que l'amour, songe à ton amant, prends garde que ton imagination, qui ne se plaît qu'à des objets tristes, ne te le représente infidele; figure-toi le voir tel que tu l'as vu souvent à tes pieds, toujours tendre, toujours amoureux; rappelle-toi ce délicieux moment, ressouviens-toi même de cet instant, où tu lui permis de pénétrer jusques dans le sanctuaire de l'amour, tu l'en aimeras davantage; occupe-toi bien de toutes ces choses, & laisse une vieille femme déclamer contre des plaisirs qu'elle n'est plus capable de sentir : il ne tiendra qu'à toi d'être heureuse, pourvu que tu en aies le courage.

Considere une fille qui n'a jamais aimé ; examine sa démarche, son maintien, ses attitudes ; fais attention à sa voix ; regarde les rides qui sont imprimées sur son front, & tu verras qu'elle tient un peu de l'homme ; c'est une espece d'animal, dont le sexe n'est pas bien déterminé. La nature, en la formant, a voulu voir ce que deviendroit un être qui tiendroit le milieu entre l'homme & la femme, & qui n'appartiendroit pas plus à l'un qu'à l'autre ; je doute qu'elle soit contente de son ouvrage. Pour valoir quelque chose, il faut avoir notre goût, nos passions, nos foiblesses, ou bien ressembler à cet autre nous-mêmes, dont la beauté mâle sert à relever la délicatesse de nos traits, & à leur prêter un nouveau lustre.

Qu'étois-tu , ma chere Tilnei , avant de connoître le Lord Tompson? Rien ne pouvoit t'affecter; incapable d'aimer ou de haïr , tu portois indifféremment ta vue sur tous les objets; on eût dit que tu ignorois le pouvoir de tes charmes ; toujours négligée, toujours languissante, tu n'aimois que la solitude , & la vie te paroissoit un fardeau : maintenant que ce feu, renfermé au-dedans de toi-même, peut s'étendre & se communiquer au-dehors, considere toute ta personne, admire le changement qui s'est fait en toi ; ta démarche est plus vive, ta taille s'est développée, tes traits, qui manquoient d'expression , sont animés , le contour de ta bouche est plus riant; on diroit que Vénus t'a prêté sa ceinture, que l'Amour habite tout entier dans tes yeux; enfin tu sembles un nouvel être , qui vient embellir la nature.

Tu

Tu veux favoir, chere amie, ce que je ferois dans la fituation où tu te trouves; peux-tu me faire une pareille demande? Compare ton état actuel avec celui d'autrefois, & choifis celui qui te convient le mieux. Tu aimes, m'as-tu dit, le Lord Tompfon, tu es fûre d'en être être aimée; qui peut t'arrêter? Ne balance point à t'aller jeter dans fes bras; attache-toi à lui par des liens indiffolubles; abandonne ta tante & fes richeffes; qu'elle fuive une morale qui n'eft faite que pour fes femblables, & fonge que rien n'eft comparable au plaifir d'être avec ce qu'on aime.

Vous ferez heureufe, me difoit autrefois le Docteur Swift, quand vous pourrez vous flatter d'avoir un honnête-homme pour ami. Chere Tilnei, je crois qu'il eft un bonheur encore plus grand, c'eft de pouvoir appeler ce même homme fon époux,

de le regarder comme faisant partie
de soi-même, de ne faire avec lui
qu'un corps, qu'une âme, de voir
fortir d'une union si belle des enfants,
que vous avez le tems de former à la
vertu. Quel plaisir pour une mere
tendre ! son cœur se dilate à la vue de
ces jeunes plantes, qui croissent sous
ses yeux ; tous les jours ils augmen-
tent, bientôt ils sont hommes : c'est
alors qu'elle recueille le fruit de ses
travaux. Contente d'avoir rempli la
tâche qui lui étoit prescrite, elle ne
songe plus qu'à sortir d'un monde où
elle est inutile ; ses forces diminuent,
son corps s'affoiblit ; étendue sur un
grabat, il ne lui reste plus qu'un instant à vivre : instant précieux pour
elle ! O vous ! qui redoutez la mort,
qui vous la représentez affreuse &
terrible, approchez & venez apprendre à mourir ; regardez ceux qui l'environnent ; tous donneroient leurs

jours pour prolonger les siens. Ici, ce
sont des amis qui font leurs efforts
pour arrêter son âme, prête à s'échapper; là, c'est une fille chérie qui prend
ses mains décharnées, qui les place
dans son sein, & veut les rechauf-
fer; à côté, c'est un fils qui tâche par ses caresses de la rendre à la
vie. Tout deux versent des larmes,
& en arrosent son corps, qui n'est
plus susceptible de sentiment ! O
mes chers enfants, pourquoi pleu-
rez-vous ? Cessez de vous attrister
sur mon sort, votre mere n'est point
perdue pour vous; du séjour de l'immortalité elle veillera sur vos jours;
voulez-vous lui prouver que vous
chérissez sa mémoire, imitez sa conduite; songez à prévenir par de bonnes actions le moment où vous ces-
serez d'être, & vous le verrez arriver sans crainte; approchez-vous,
mon fils, & vous aussi, ma fille;

recevez mes derniers embraſſemens...
Où êtes-vous , mes enfants..... je ne
vous vois plus... je ſens mon âme qui
briſe ſes liens... un nouveau... jour...
vient m'éclairer... Le Ciel... s'ouvre...
& j'apperçois... enfin... mon Dieu...
tel... qu'il... eſt.

Voilà, ma chere Tilnei, le portrait
d'une femme vertueuſe. Mets à côté
celui d'une vieille fille qui meurt ſans
être regrettée, qui n'apperçoit autour
d'elle que des héritiers avides de la
ſucceſſion ; examine bien ces deux
tableaux : l'un t'inſpirera une ſecrette
horreur ; l'autre fera naître dans ton
cœur un ſentiment mêlé de tendreſſe
& de volupté.

ÉLISABETH AURELI.

A Paris, ce 24 *Février* 1764.

LETTRE XV.

AU DOCTEUR TOWON.

CHER Docteur, je vous ai souvent entendu dire que les femmes de France étoient les plus aimables de l'Europe, vous auriez dû ajouter qu'elles sont aussi les plus raisonnables.

A voir une Françoise dans un cercle, ses airs évaporés, son maintien libre, sa figure chiffonnée, on la prendroit pour une jolie petite statue, qu'un habile Machiniste fait agir & remuer. Suivez, au sortir de-là, cette même personne, trouvez-vous seule avec elle, tâchez de gagner sa confiance, qu'elle vous ouvre son cœur ; vous serez étonné de voir un être qui pense, qui sait, quand il le faut, se défaire de ses ridicules, qui connoît la vertu & qui se fait même un plaisir de la pratiquer.

Ce portrait, mon cher Docteur, n'est point imaginaire, depuis plusieurs jours j'ai fait connoissance avec une de ces femmes ; au milieu d'une foule de petits maîtres, c'est une folle, c'est une étourdie qui badine sans cesse ; qui ne s'entretient que de pompons, de modes & d'ajustemens : mais se trouve-t-elle seule avec une amie, elle pense, elle raisonne, elle vous surprend par l'étendue de ses connoissances, elle connoît nos meilleurs Auteurs aussi bien que ceux de sa nation ; elle en parle même avec discernement.

Adieu, mon cher Docteur ; je comptois faire un long séjour à Paris ; mais Milord Waller, qui voudroit que mes courſes fuſſent déja finies ; m'a priée inſtamment de n'y pas reſter plus de deux mois. Je compte partir dans peu pour Geneve ; je me fais un plaiſir de voir en paſſant M. de Voltaire ; ce grand-homme mérite bien qu'on s'écarte de ſa route.

ÉLISABETH AURELI.

A Paris, ce 2 Mars 1764.

LETTRE XVI.

AU MÊME.

JE fus hier voir l'aimable personne, dont je vous ai parlé dans ma derniere Lettre, elle m'attendoit; lorsqu'elle m'eut apperçue, elle se leva avec précipitation, & vint au-devant de moi : vous vous faites bien desirer, chere Milady, me dit-elle en m'embrassant. Vous me trouvez occupée à lire Rodogune. Comment pouvez - vous prendre plaisir à une pareille lecture, lui dis-je? Votre question m'étonne, me répondit-elle, tout ce qui est beau a droit de me plaire. Des sons gracieux procurent à l'âme une douce ivresse, des sons terribles lui donnent des secousses, l'agitent & la remuent. Je ne pense point comme M. de Voltaire sur le compte de cette pièce : Cléopâtre inspire l'horreur, mais non le dégoût : ce défaut est visible dans Mahomet, son caractere est encore plus affreux que celui de Cléopâtre ; tous deux comptent les forfaits pour rien, quand il est question de parvenir à leurs fins ; mais quelle différence dans la façon de les commettre & dans les ressorts qui les font agir.

Je n'apperçois dans Mahomet, qu'un scélérat qui s'avance vers le crime en tâtonnant. Cléopâtre y marche hardiment, tous ses projets sont bien concertés. S'agit-il de frapper les grands coups, elle ne veut plus qu'elle dans sa confidence : son ambition n'est pas affoiblie par de petites passions ; ce n'est qu'au trône où son cœur aspire. Si quelquefois elle semble le perdre de vue, c'est pour mieux masquer ses desseins, & pour

rendre sa vengeance plus certaine.
Cette derniere passion a tant d'empire sur son âme, que tous les
moyens lui paroissent légitimes pour
la contenter. Elle s'encourage au
crime par le souvenir de ceux qu'elle
a commis, & par la nécessité d'en
commettre de nouveaux. Quels que
soient les obstacles qui s'oppo-
sent à elle, rien ne peut l'arrêter.
Pour aller jusqu'à son ennemie, il
lui faut immoler ses propres fils ;
elle fait plus, elle s'immole elle-
même. Dans ce terrible moment,
il ne lui échappe pas la moindre
chose qui puisse la trahir, elle est
contente de périr, & quitte sans
regret le trône, pourvû que ce
même trône, qui lui a tant coûté,
trébuche avec elle, & que sa chûte
écrâse son indigne fils & son odieuse
rivale.

Si j'osois, je comparerois Cléopâtre

à Satan du Paradis perdu. On les hait, on les détefte ; mais quelquefois on eft forcé de les admirer ; & l'Ange rebelle fe montrant aux yeux de Michel tel que le Mont-Atlas ou le Pic Ténérif, m'étonne moins que cette Reine intrépide, arrachant la coupe, & en faifant elle - même l'effai.

Au refte, quel que foit mon fentiment fur le rôle de Mahomet ; quel que foit celui de Monfieur de Voltaire fur le rôle de Cléopâtre, le public ne courra pas pour cela avec moins d'empreffement à la repréfentation de ces deux Pièces. Le citoyen vertueux ne ceffera point d'aller entendre Zopire, pour s'encourager à la vertu. Les âmes généreufes ne répandront pas moins de larmes, en apprenant la trifte fin de Séleucus ; & tous, en admirant dans Mahomet la beauté des vers, la pureté de la diction, les talens de l'Auteur à vaincre des difficultés insurmontables, regarderont toujours Cléopâtre comme le caractere le mieux soutenu que nous ayons au Théâtre.

ÉLISABETH AURELI.

A Paris, ce 8 Mars 1764.

LETTRE XVII.

A MISS TILNEI.

MA chere amie, tu ne croiras pas ce que je vais t'apprendre. Milord est un volage, un parjure, un traître: cet homme, qui comptoit pour rien les momens qu'il étoit obligé de passer sans moi, est absent depuis deux jours ; j'ignore ce qu'il est devenu, & quel lieu il habite. Qui sait, si dans ce moment . . . . . Se pourroit - il ! . . . . . Waller me trahir ! . . . . Waller m'abandonner ! . . . Waller dans d'autres bras que les miens ! . . . . non, je ne puis le penser ; cette idée est trop mortifiante ; peut-être a-t-il rencontré le Chevalier Tonnelei. Dieux ! quels malheurs j'entrevois ! Ciel ! écarte de

moi ces tristes images ; j'aime mieux
le trouver infidèle.

ÉLISABETH AURELI.

A Paris, ce 16 Mars 1764.

LETTRE XVIII.

A LA MÊME.

MA chere Tilnei, j'ai retrouvé
Waller; il eſt même plus tendre,
plus vertueux qu'auparavant. Apprends la cauſe de ſon abſence ; elle
fait trop d'honneur à ſon cœur, pour
te la laiſſer ignorer.

Ce matin j'étois étendue ſur un lit
de repos, où j'avois paſſé la nuit ſans
pouvoir dormir. Ma diſgrâce m'oc-
cupoit toute entiere, & je ne ſon-
geois guères au bonheur qui m'attendoit, lorſqu'un bruit occaſionné
par des chevaux, vient frapper mes
oreilles. Forcée de prêter attention,
j'entends monter avec viteſſe ; ma
porte s'ouvre avec fracas, & j'apperçois Waller, qui ne fait qu'un

faut pour se trouver à mes pieds.
Osez-vous bien , lui dis-je , en le
repoussant , paroître devant moi ?
Perfide ! fuyez ma présence & ne
vous montrez jamais à mes yeux.
De grâce , chere Milady , daignez
m'écouter un instant. Non ; je n'é-
coute rien ; vous êtes un traître.
Comme je fais un effort pour me
débarrasser de lui , il me prend dans
ses bras ; il m'enleve malgré moi , &
me transporte dans un lieu où nous
avions sacrifié plus d'une fois à l'a-
mour ; là il se met à mes genoux ,
qu'il embrasse avec force , & me
prie d'entendre sa justification.

Je sortis , comme vous le savez , il
y a deux jours , pour aller chez notre
Banquier ; dans mon chemin j'ai
rencontré le pere de l'aimable Henriette ; il étoit tout en pleurs ; je
l'aborde & je lui demande le sujet
de sa douleur. Ah ! Milord , me ré-

pondit-il, vous voyez le plus infortuné des peres; mon fils vient d'être enlevé par l'ordre du Miniſtre; la beauté de ſa femme eſt la cauſe de ſon malheur. Le Seigneur du Village attenant au nôtre, en eſt devenu amoureux. Cet homme, qui eſt puiſſant, l'a rendu ſuſpect au Gouvernement; il a cru, en l'éloignant, pouvoir ſéduire plus facilement ma fille; il s'eſt trompé; depuis ce tems elle ne fait que gémir, que pleurer, & ſi on ne lui rend ſon époux, il ne lui reſte pas un jour à vivre.

Tu me regardes, ma chere Tilnei; je vois déjà mon pardon dans tes yeux; tu pleures; devines-tu ce que j'ai fait? Eh bien! il faut donc te l'avouer. Je t'ai oublié un inſtant pour vôler au ſecours d'un malheureux; j'ai couru chez le Miniſtre; j'ai fait parler la vérité; j'ai été aſſez heureux pour conserver un bon citoyen à sa patrie, & pour rendre un honnête-homme à la société.

Qu'il est doux, chere amie, de trouver innocent ce qu'on aime, après l'avoir cru coupable! Cet instant sera le plus délicieux de ma vie. Cher Waller, lui dis-je, lorsqu'il eut cessé de parler, que tu sais bien trouver le chemin de mon cœur! Oui; je rougis d'avoir osé soupçonner ta vertu. Pardonne, cher Amant, c'est l'amour qui a causé mon crime, c'est à l'amour à le réparer.

Adieu, ma chere Tilnei, brouille-toi quelquefois avec ton Amant; rien n'égale le plaisir qu'on goûte à se reconcilier. On diroit que, dans cet instant, l'amour vous brûle de tous ses feux; adieu une seconde fois. Si tu me fais réponse, adresse ta lettre à Genève, où je compte être dans peu.

E L I S A B E T H   A U R E L I.

A Paris, ce 30 Mars 1764.

LETTRE XIX.

MISS TILNEI, A MISS AURELI.

TA premiere lettre m'a donné de l'inquiétude ; ta seconde m'a raffurée. Tu ne connoiffois pas encore tout-à-fait Waller ; tu croyois n'aimer qu'un homme ordinaire. Qui fait fi tu ne t'étois pas attachée à lui, parce qu'il flattoit tes caprices, & fe prêtoit à tes fantaifies ? Un motif plus pur, plus digne de toi, va maintenant te le faire chérir : c'eft fa vertu.

S'il eft permis aux hommes de nous oublier quelquefois, ce n'eft que pour reffembler à ton Amant, pour imiter fa générofité, pour tendre une main bienfaifante au malheureux qu'on opprime.

Je ne puis comprendre comment

il peut exister des êtres qui font
consister leur bonheur à tourmenter
les autres. S'il est vrai, comme le
prétendent certains Philosophes, que
le plaisir est le mobile de toutes nos
actions, c'est en empoisonner la
source, que de persécuter ses sem-
blables.

Le spectacle le plus affligeant que
je connoisse pour l'Humanité, c'est
celui que présente l'homme juste aux
prises avec le méchant. Ce qui attriste
le plus les âmes sensibles, c'est de
voir que tout l'avantage est d'un
côté, & que par conséquent la partie n'est pas égale. L'un attaque sans
cesse, & emploie, pour réussir, tous
les moyens que peut lui fournir la
noirceur de son caractère. L'autre,
inébranlable dans son poste, attend
de pied ferme les coups qu'on lui
porte. S'il fait quelques pas, c'est
pour marcher droit devant lui. Par-là

il évite quelquefois la rencontre de
fon ennemi , qui , jugeant des autres
par lui-même , penfe que celui-ci fe
fervira, pour l'éviter,des mêmes ru-
fes qu'il emploie pour le perdre.

Je ne finirois pas fitôt cette lettre;
car je fuis en train de moralifer , fi
on ne venoit pas m'interrompre. Ma
tante me fait avertir de me tenir
prête à partir pour la campagne ;
c'eft un tour qu'elle me joue , pour
m'empêcher de voir Tompfon. Cette
femme ne peut fouffrir qu'on me
faffe des honnêtetés ; elle voit avec
peine que tous les regards fe fixent
fur ma perfonne; fon dépit perce à
travers fa prétendue philofophie ; &
ne pouvant être heureufe, elle fe
fert du pouvoir qu'elle a fur moi,
pour fe venger du peu d'agrément
qu'elle a dans la fociété, en me faifant partager fon ennui.

J'ignore l'endroit où nous allons;

quand je le saurai , je ne manquerai
pas de te l'apprendre. Si j'étois gênée
jusqu'au point de ne pouvoir te donner de mes nouvelles , tu pourras
savoir par Tompson ce que je serai
devenue.

CHARLOTTE TILNEI.

A Londres , ce 4 Avril 1764.

LETTRE XX.

LE DOCTEUR TOWON,
A MISS AURELI.

J'ÉTOIS à Oxford, quand j'ai reçu votre lettre, dans laquelle vous me faites part de l'analyse que fait votre amie, du rôle de Cléopâtre.

De tous les Auteurs Tragiques, qui ont illustré la scène françoise, Corneille est celui qui plaît le plus à notre nation. La raison de cette distinction, vient de ce que son mérite consiste moins dans les mots que dans les pensées, & que par conséquent il ne perd pas tant que les autres à être traduit.

Les partisans de Shakespear ne balancent point à le placer à côté de leur idole. Les gens de goût, les vrais

connoiſſeurs, ceux qui enfin ne ſont
d'aucun pays, quand il eſt queſtion
de juger les talens, lui aſſignent une
place encore plus honorable ; pour
moi j'ai une telle idée de ce Poëte,
que je ne trouve rien parmi nous
qui puiſſe lui être comparé. Un des
plus grands génies de la France, prétend que la Tragédie doit ſon origine
à Homere. En admettant ce ſentiment, on ſera forcé de convenir que
Corneille eſt celui qui a le plus ap-
proché de l'Inventeur. Il ſemble fait
pour n'être lu que par des hommes deſtinés à commander aux autres. Qu'on ne m'objecte point
qu'il eſt rempli de maximes, qui,
pour être bien appliquées, exigent
un diſcernement profond & de grandes connoiſſances ; ſi j'en recom-
mande la lecture, ce n'eſt qu'à ceux
qui ſont en état d'apprécier ce qu'il
vaut.

Empêchez,

Empêchez, pour un inflant, d'agir
les Héros du Poëte Grec ; débar-
raffez-les de leurs armures céleftes ;
faites difparoître cette foule de Dieux
qui combattent à leurs côtés : après
cela, comparez & décidez qui des
deux l'emporte par la fublimité des
idées, ou la variété des caractères.

On ne m'a jamais confulté fur le
choix des Auteurs qui peuvent contribuer à élever l'âme d'un jeune-
homme, que je n'aie confeillé de lire
Corneille. Il vous enfeignera, leur
difois-je, en quoi confiftent les devoirs de ceux qui confacrent leurs
veilles & leurs talens au bonheur
de leurs femblables ; il vous fera
prendre de la vertu l'idée noble
qu'il faut en avoir : fi vous voulez
vous inftruire des fecrets de la politique, il vous montrera ce qu'il
faut faire pour la ramener à fon véritable principe : s'agit-il de corriger

Prem. Partie.   G

quelques abus : on doit toujours ,
selon lui , se servir de la voie la plus
simple , & tâcher d'adoucir par des
bienfaits le mal qu'on est obligé de
faire. Voilà ce qu'un homme éclairé
peut apprendre, en lisant ce Poëte
avec attention. Peut-être trouve-
rez-vous que j'exagere un peu ; mais
tel est mon sentiment : & dussiez-
vous me taxer de singularité, je vous
dirai qu'il me console ordinairement
dans mes peines. J'ai beau lire nos
fameux Auteurs Tragiques, aucun
d'eux ne m'attache comme Corneille ; en voici la raison : c'est
que leurs personnages, de quelque
Pays qu'ils soient , ressemblent toujours aux Anglois. J'ai beau chercher à me faire illusion , il ne m'est
pas possible de quitter Londres ; si je
m'en éloigne un peu , j'y reviens
aussi-tôt ; je ne vois que des Héros,
dont je rencontre les originaux à la

Cour, ou dans les rues : Corneille,
au contraire, me fait oublier tout
ce qui m'environne ; il me transporte malgré moi dans les climats
les plus éloignés ; mon attention se
fixe sur de nouveaux objets ; j'examine, je compare, j'apperçois d'autres hommes enfin, dont la struc-
ture m'étonne.

La plupart des Auteurs Drama-
tiques sont plutôt conduits par une
certaine routine, qu'éclairés par le
génie. Ils s'épuisent à toujours ex-
primer la même passion. Il s'ensuit
de-là une espèce de monotonie, non-
seulement dans les idées, mais encore dans la diction qui fatigue &
rebute le Lecteur.

Corneille intéresse bien autrement. Toutes les passions lui sont
propres ; son grand art est de s'en
servir à propos, de les allier, ou de
combattre l'une par l'autre. L'âme

émue par les différentes secousses
qu'elle reçoit , ne sachant comment
se déterminer , finit par éprouver un
sentiment d'admiration , semblable
à celui que ressentoit Newton , lorsque , d'un œil hardi , il contemploit
les machines qui font mouvoir l'univers.

JACQUES TOWON.

A Londres , ce 7 Avril 1764.

LETTRE XXI.

WALLER, A TOMPSON.

IL est singulier que ce soit moi qui t'instruise le premier du danger qui te menace. Dans ta derniere lettre, tu ne me parles nullement de Miss Tilnei. Ton silence m'annonce que tu es fort tranquile sur son sort ; je sais, cependant, à n'en point douter, que tu es sur le point de la perdre, peut-être pour toujours.

Je ne puis concilier la vie dissipée que tu menes, avec l'amour que tu as pour cette aimable fille. Il faut convenir que tu es un homme admirable, pour ce qui regarde la distribution de tes plaisirs. Tes occupations, tes visites, tes petits soupers, la débauche qui s'ensuit ; tout, jusqu'à l'ivreſſe, a ſon tems marqué ; il n'eſt pas poſſible de mieux s'arranger : auſſi, je ne ſuis plus ſurpris, ſi tu es fêté par-tout ; ſi les jeunes gens te citent comme le modéle du bon goût ; ſi les femmes ſe diſputent entre - elles ta perſonne, & ſi l'on fait des paris pour ſavoir à qui tu reſteras. Courage, mon ami, je te prédis que tu iras loin. Laiſſe le vulgaire s'occuper de travaux utiles ; que le Philoſophe Hume s'efforce tant qu'il voudra à rendre les hommes meilleurs ; qu'il ſe tue, ſi cela lui fait plaiſir, à nous faire le récit des cataſtrophes qui ont concouru à la perfection du Gouvernement Anglois ; qu'il emploie tout ſon génie à débrouiller les Loix des anciens Saxons : dans tout cela, il n'y a rien de merveilleux : il auroit pu mieux employer ſon tems. Que Robertſon nous raconte les cauſes qui déſuni-

rent l'ambitieux Charles & son aimable rival ; qu'il nous fasse part des
malheurs qui s'ensuivirent ; qu'il soit
profond dans ses vues, exact dans ses
recherches, attentif à puiser dans de
bonnes sources, sage dans l'arrange-
ment des faits, & grand dans l'exécution de son plan : à quoi bon tous
ces petits talens ? Quelle utilité en
retire le public : Gens à charge que
ces Messieurs - là. Pour opérer ces
riens, il leur faut presque des siè-
cles ; au-lieu qu'un homme à la mode
est réellement nécessaire : le bien
qu'il fait ne lui coûte qu'un moment.

Pour être en état de juger de son
mérite, il faut le voir, quand il est
environné de jeunes gens qui com-
mencent à s'introduire dans le monde. Il apprend à celui-ci comment
il faut s'y prendre pour subjuguer
une femme qui résiste ; il réforme la

parure de celui-là ; votre Coëffeur ,
dit-il au petit Raleg , se moque de
vous , mon cher. En honneur il y
a des instans que vous feriez peur
à la femme la plus décidée ; ce ma-
raud prend plaisir à vous dévisager :
c'est un meurtre d'enlaidir une figure
comme la vôtre ; mais peut - être
n'avez-vous pas fait pour lui ce que
j'ai fait pour Barclai ; il m'en a coûté
des sommes immenses pour lui apprendre à bien monter une tête :
aussi voyez la mienne , quel jeu de
physionomie ce toupet en avant me
donne , & cette boucle comme elle
badine , comme elle se plie à tous les
mouvemens ; on me prendroit pour
un Prothée : ne croiriez-vous pas
que j'ai plusieurs visages ?

Quelque brillant que soit son emploi dans ce moment , il l'est encore
davantage au milieu d'un cercle de
petites Maitresses ; sa présence seule

dissipe les vapeurs ; il est comme le
soleil, qui, en chassant les nuages,
rend au jour toute sa clarté. La plus
maussade s'efforce de paroître aimable : que deviendroit-on si l'on avoit
le malheur de lui déplaire ? Il faudroit se cacher. On est heureux,
quand il daigne vous sourire ; on
l'est davantage, quand il vous baise
la main : c'est une faveur insigne
que de lui en accorder.

Tel est, Tompson, le sage emploi que tu fais de ton tems ; je conviens que, pour te rendre célèbre,
tu as choisi le moyen le plus simple
& le plus court ; je ne t'en blâme
point ; je ne crains seulement pour
toi qu'une seule chose ; c'est que tu
ne te ruines en courant après l'immortalité : mais console-toi, mon
ami ; tu éprouveras le sort des hommes de génie. Je n'en ai connu qu'un

feul qui , né avec de la fortune, l'ait augmentée.

Si je ne craignois de te troubler dans tes occupations férieufes , je prendrois la liberté d'exiger de toi un foible fervice ; mais je tremble d'être importun ; tous tes momens font comptés ; tu en es fi peu le maî- tre , qu'il n'eft pas poffible d'en exi- ger un feul. Je vais cependant hafar- der ma demande, & courir le rifque d'être refufé.

Nous fommes inquiets de favoir ce qu'eft devenue Mifs Tilnei. Nous lui avons écrit plufieurs lettres , fans en recevoir de réponfe. Elle nous avoit mandé dans fa derniere, qu'elle devoit partir pour la campagne;tâche de découvrir le lieu de fa retraite. Nous appréhendons que fa tante n'ait ufé de violence envers elle , pour l'engager à cette démarche. Il est inutile de te rappeler l'amour qu'elle a pour toi ; je ne te ferai pas ressouvenir ici que tu l'as aimée & recherchée ; cela ne paroîtroit pas croyable : au reste , quelle que soit ta façon de penser sur le compte de cette fille , hâte-toi de nous instruire de son sort. Miss Aureli t'en conjure, & attend ta réponse avec impatience.

Adieu ; continue de faire les délices de tes sociétés. Si le bonheur gît dans l'opinion qu'on a de soi , tu dois être le plus heureux des hommes.

WALLER.

A Paris, ce 14 Avril 1764.

G vj

LETTRE XXII.

TOMPSON, A WALLER.

TU as donc résolu de ne m'écrire que pour me plaisanter, ou pour me gronder ? Si tu te comportes ainsi avec Miss Aureli, tu dois lui paroître bien aimable !

Ignores-tu qu'il n'est point de plus vilain emploi que celui de censurer les autres. Que l'on soit triste ou gai, on est toujours un homme insupportable.

Depuis quand juge-t-on de la conduite actuelle d'un homme, par celle qu'il a tenue autrefois ? En s'y prenant ainsi, on s'expose à se tromper. Tu me reproches d'avoir été fou dans un tems où c'est un bien de l'être ; quand je le ſerois encore un peu, quel mal y auroit-il ? Cela pourroit être permis à ceux qui, comme moi, ſont nés avec tous les goûts & toutes les paſſions. Pour toi, qui n'eus jamais de foibleſſes, chez qui la raiſon a devancé l'âge, ſais-tu bien à qui tu reſſembles ? Au Chevalier Grandiſſon, qui déplaît à force de vertu, & qu'on ſeroit tenté de corriger, pour lui apprendre à être un peu moins ſage.

Mais je m'apperçois que je deviens mauvais plaiſant ; je t'imite, ſans le vouloir ; ce ton ne me va pas, je veux le quitter : car je ne ſuis point aſſez froid pour le ſoutenir long-tems.

Apprends donc, mon dur ami ; (car je te regarde toujours comme tel, malgré ta ſévère cauſticité) ; apprends, dis-je, que tu me connois mal. Depuis long-tems Miſs Tilnei me captive au point, que j'ai tout oublié pour ne m'occuper que d'elle. Dans le moment même où je t'écris, je ſuis déſeſpéré de ne pas ſavoir ce qu'elle eſt devenue. Juſqu'à préſent toutes les recherches que j'ai faites ont été inutiles. J'ai écrit dans tous les endroits, j'ai couru par-tout, j'ai été juſqu'en Écoſſe, où je ſais que ſa tante a une terre conſidérable, je n'ai rien découvert. Tu aurois pleuré, ſi tu l'avois pu, en m'entendant gémir. Je la demandois aux paſſants, aux arbres, aux rochers; j'avois l'air de Don Quichote qui court après Dulcinée: appelles-tu cela de l'amour? C'en eſt ſans doute, & du plus pur.

Adieu; porte-toi bien; quand j'aurai découvert le lieu de ſa retraite, je te le ferai ſavoir. Penſe

désormais un peu mieux de moi,
& sois sûr qu'avec toute ma frivo-
lité, je sais comme l'on doit aimer
ses amis & sa Maitresse.

TOMPSON.

A Londres, ce 24 Avril 1764.

LETTRE XXIII.

TOMPSON, AU MÊME.

J'AI découvert enfin le lieu où réside mon incomparable Charlotte ; croirois-tu que je ne dois ce bonheur qu'au hazard ?

Je m'en revenois chez-moi, épuisé de fatigues, désespéré d'avoir cherché inutilement Miss Tilnei, ayant crevé deux de mes meilleurs chevaux, & laissé en route une partie de mes gens, éclopés & malades, quand une jeune fille m'aborde & me demande, si je ne m'appelle pas Tompson. — C'est mon nom ; que me voulez - vous ? — Ah ! Mylord, je me réjouis de vous voir ; je vais vous rendre bien - aise. --- Jolie, comme vous êtes, cela ne vous sera pas difficile. — Que je fois jolie , ou non , ce n'eft pas moi qui dois vous occuper maintenant. — Pourquoi cela ? Un minois comme le vôtre peut bien faire oublier les autres. — Je vous reconnois bien à ce propos ; vous mériteriez que je vous puniffe de la vanité que vous voulez m'inf- pirer : mais non , cette pauvre Mifs Tilnei... A ce mot , je ne fais qu'un faut pour defcendre de cheval & voler jufqu'à elle. Malgré fa réfif- tance , je l'embraffe ; je me jette à fes pieds ; je lui demande des nou- velles de ma Charlotte : vous la con- noiffez donc ? vous favez ce qu'elle eft devenue ? Où eft-elle ? Que fait- elle ? Puis-je la voir ? Puis-je lui par- ler ? A toutes ces queftions , on ne me répond qu'en me raillant. — En vérité , Mylord , je ne conçois rien à vos manières ; il n'y a qu'un inf- tant que j'étois à vos yeux ce qu'il

y a de plus charmant ; je ne dis qu'un
mot, & vous extravaguez : c'est une
autre qui prend ma place. — Ma
belle enfant, cesse de me tourmenter ; oui, j'adore cette Miss Tilnei
dont tu viens de prononcer le nom :
tiens, si, pour te fléchir, il ne faut
que t'aimer un peu, je te le pro-
mets. — Allez, vous me faites pitié ;
prenez ce porte-feuille ; il vous ins-
truira de ce que vous voulez savoir. — Je le prends, ou plutôt, je
le lui arrache ; je l'ouvre en tremblant ; je tombe précisément sur le
billet qu'elle m'écrivoit. Voici ce
qu'il contient :

« Je profite du sommeil de ma
» tante, pour vous instruire de mon
» sort ; elle m'emmène avec elle dans
» sa terre du Pays de Galle ; c'est un
» endroit affreux ; son dessein est de
» m'y tenir toujours enfermée. Elle
» a fait tout ce qu'elle a pu pour

» m'engager à épouſer le Chevalier
» de Briſtol ; j'ai réſiſté à ſes prières ,
» à ſes menaces ; elle a fini par me
» déshériter ; je ſouffrirai mes maux
» avec patience , ſi j'apprends que
» vous m'aimez toujours ».

MISS TILNEI.

» Si mon billet a le bonheur de
» vous parvenir , faites-en part à ma
» chere Auréli. Dites-lui que , ſans
» ſon amitié , & ſans l'eſpoir que j'ai
» d'être un jour à vous , mes ſouf-
» frances ne dureroient pas long-
» tems : je ſais comme on les fait
» finir ».

Je ne pus lire ces derniers mots
ſans trembler ; ils firent ſur moi une
telle impreſſion , que mes forces
m'abandonnèrent tout - à - coup. A
peine fus-je revenu de ma foibleſſe ,
que je donnai des ordres pour partir. Je n'ai mis que trois jours à faire
mon voyage ; mon premier ſoin a

été de connoître le lieu qui renferme
ma chere Charlotte ; mon second a
été de te mander ceci : je t'instrui-
rai de tout ce que je ferai. Adieu ;
porte-toi bien ; assure Miss Auréli
que je vais tout employer pour lui
rendre son amie. J'ai trouvé dans le
porte-feuille une lettre à ton adresse,
je te l'envoie.

TOMPSON.

A Londres , ce 5 Mai 1764.

LETTRE XXIV.

Miss Tilnei, a Miss Aureli.

A dix heures du matin.

JE ne sais ce qu'on me prépare ; on
machine contre moi quelque chose.
La fille-de-chambre de ma tante est
montée ce matin dans mon appartement ; je dormois encore : quoi !
si tard au lit, m'a-t-elle dit ! levez-
vous ; il vous vient une visite à
laquelle vous ne vous attendez pas.
Je fais ce qu'elle me dit ; & comme
je veux prendre ma robe ordinaire,
elle m'arrête. Quittez cet habille-
ment, Mademoiselle ; prenez celui-
ci ; mettez ces diamans : souffrez que
je vous coëffe. Vous voilà à ravir ;
je vous trouve belle comme le jour.

Il faut que je m'en aille ; reftez feule un inftant ; je vais vous envoyer quelqu'un qui fe propofe de vous rendre heureufe. J'ignore ce que tout cela veut dire ; je crains que cette fille n'ait été envoyée pour fe moquer de moi : cependant, pourquoi cette parure ? Un inftant ; je commence à être au fait ; j'apperçois une figure qui s'avance : c'eft fans doute la vifite qu'on m'a annoncée ; ma tante l'accompagne ; je me vois forcée de te laiffer , pour les recevoir.

Le même jour à huit heures du foir.

Maintenant que je fuis feule , je vais continuer de m'entretenir avec toi , & te faire part de cette belle entrevue. —

J'ai cru voir , ma nièce , que vous écriviez. — Pardonnez-moi , Madame , je notois de la mufique. — Je crains que ce libertin de Tompſon ne vous occupe encore. — Depuis que vous m'avez défendu de le voir, je ne ſonge guères à lui. — C'eſt agir prudemment ; auſſi - bien je vous deſtine un autre époux : c'eſt le Chevalier de Briſtol ; je vous le préſente. — Qui ? Monſieur ? — Lui-même. Pourquoi cet étonnement ? — Ma chere tante , permettez. — Ma chere nièce , point de réſiſtance , je vous prie ; obéiſſez , ou craignez mon courroux. — Je penſe que vous ne vous ſervirez pas de votre pouvoir pour contraindre ma volonté ? — Je penſe , moi , à vous déshériter, ſi vous raiſonnez davantage. Je vous laiſſe avec Monſieur ; peut-être réuſſira-t-il à dompter votre opiniâtreté. — Je tâcherai de remplir la bonne opinion que vous avez de moi , répond ce ſot perſonnage ; quand j'ai voulu m'en donner la peine , on ne m'a jamais réſiſté.

Me voilà donc restée seule avec ce champion si redoutable ; tu vas juger s'il est aussi à craindre qu'il vouloit le persuader ; de ma vie je n'ai vu d'homme aussi ridicule ; on auroit peine à trouver son semblable : tu riras de la manière dont il s'y est pris, pour m'obliger à me rendre.

Rassurez-vous, belle Tilnei ; je ne suis point à craindre ; je veux me faire desirer ; votre vertu ne court aucun risque avec moi. — Je le crois; vous êtes fait de façon à raffermir la vertu la plus chancelante. — Je suis charmé que vous me rendiez justice; ma discrétion est tellement connue, que les mères ne font aucune difficulté de me confier la garde de leurs filles. — Depuis quand vous êtes-vous chargé de ce bel emploi? — Depuis vingt ans, au moins. — Le nombre qu'on vous a confié doit être considérable? — Il est si grand, que

je

je ne m'en souviens plus. — Comment avez-vous fait pour n'en point prendre une pour vous ? — Je m'en repentirois aujourd'hui. — Je m'en réjouirois, moi : est-ce aussi pour me garder que vous êtes ici ? — C'est bien un peu pour cela ; un autre motif s'y joint encore. — Quel est-il? — C'est l'amour. — L'amour ! je ne le connois pas. — Je me charge de vous le faire connoître.—J'en doute fort; je ne suis point curieuse. — Je sais comme il faut s'y prendre pour exciter votre curiosité. Mon fat est si content de ces dernieres paroles, qu'il fait un mouvement pour approcher sa chaise de la mienne ; malheureusement elle glisse sous lui ; ne trouvant plus d'appui, il tombe sur le planché, qui, le renvoyant, lui fait faire un saut semblable à ceux que font les carpes, quand elles badinent ensemble dans un étang. Cette seconde chûte fut si terrible, que son épée se brise en plusieurs morceaux, son pourpoint se déchire en divers endroits, & sa perruque, en s'échappant, me découvre un front, que douze lustres avoient pris plaisir à sillonner.

Au bruit qu'il occasionne, ma tante, qui étoit dans une chambre voisine, accourt avec précipitation. Que signifie cela ? me dit-elle en entrant. Ce n'est rien, Madame. Il est arrivé à Monsieur ce qui arrive à tous les jeunes gens qui ne restent pas tranquiles ; il s'est avisé de vouloir gesticuler, & en pirouettant, il s'est laissé tomber. Pourquoi aussi, reprend-t-elle, faire parade de vivacité mal-à-propos ? C'étoit bien là le moment ! Ne valoit pas mieux la garder pour le jour des nôces ? Allons, suivez - moi, Chevalier trop sémillant : à ces mots elle l'amène avec elle , & me débarrasse par-là du plus ennuyeux de tous les hommes.

Je suis menacée d'une seconde visite de sa part ; on a même pris la peine de m'en prévenir ; s'il vient , je le recevrai de façon à lui faire perdre l'envie de m'avoir pour femme : un seule chose m'inquiette ; je crains que ma tante n'exécute la menace qu'elle m'a faite ; j'en serois fâchée pour Tompson : ce n'est pas que j'appréhende pour cela de perdre son amour ; je le connois trop , pour lui supposer un sentiment si bas ; s'il cesse de m'aimer , il y sera déterminé par un autre motif.

CHARLOTTE TILNEI.

A Londres , ce 12 Mai 1764.

LETTRE XXV.

MISS AURELI, A TOMPSON.

J'AI tremblé comme vous, en lisant les derniers mots du billet que Miss Tilnei vous a écrit. Je crains qu'elle ne se porte à quelques extrémités. Vous m'obligerez de tout tenter, pour pouvoir lui parler. Si la chose étoit trop difficile, il faudroit tâcher de lui faire tenir une lettre qui lui apprît que vous êtes sur les lieux. De grâce ! Mylord, ne négligez rien. Informez-vous si elle est seule avec sa tante. Il seroit bien dur pour elle d'avoir pour société l'auteur de ses chagrins ; on les supporte plus aisément, quand on ne voit point celui qui les cause : sur-tout, soyez secret ; ne confiez à personne ce que

vous voulez faire. Je vous conseille
de vous déguiser, de peur qu'on ne
vous reconnoisse; je sens bien que
cette situation est gênante; pour
vous aider à la supporter patiem-
ment, songez à la récompense qui
vous attend. Connoissez - vous ce
Chevalier de Bristol? Voilà la pre-
mière fois que j'en entends parler.
Vous me feriez plaisir de me mander quel homme ce peut être.

ÉLISABETH AURELI.

A Paris, ce 18 Mai 1764.

LETTRE XXVI.

MISS AURELI,
AU DOCTEUR TOWON.

SAVEZ-VOUS, Docteur, que cette pauvre Tilnei est déshéritée ; cette perte l'affecteroit peu, à ce que je crois, si en même tems on ne l'avoit pas privée de sa liberté. Je voudrois être sur les lieux, je la lui ferois bientôt rendre; les loix lui sont favorables ; sa tante, en lui ôtant sa succession , s'est privée de l'autorité qu'elle avoit sur elle : de plus, je la crois majeure ; par conséquent elle est maitresse de ses volontés, & peut à son gré disposer de sa personne. Tompson, qui a découvert le lieu où elle est, met tout en œuvre pour l'en retirer : je doute qu'il réuſſiſſe ; cet homme n'a point le ſang-froid né-ceſſaire , pour bien conduire cette affaire ; je crains qu'il ne faſſe quel-que étourderie qui ſerve à juſtifier la conduite qu'on tient envers elle. Comme elle a d'autres parens , je crois qu'il ſeroit à propos de leur faire part de ſa détention. On pour-roit ſe ſervir d'eux , pour l'arracher d'entre les mains de cette femme. J'eſpere que vous voudrez bien faire pour cela toutes les démarches qui conviennent. Hâtez-vous ; je vous en conjure ; je vous confie le ſalut de la perſonne que j'aime le plus après Waller.

ÉLISABETH AURELI.

A Paris , ce 21 Mai 1764.

LETTRE XXVII.

LE DOCTEUR TOWON,
A MISS AURELI.

J'AI exécuté les ordres dont vous m'avez chargé; j'ai trouvé les parens de Miſs Tilnei prévenus contre elle : ce n'eſt pas ſans peine que je ſuis venu à bout de les intéreſſer en ſa faveur.

Nous fûmes hier conſulter enſemble le plus célèbre Avocat de Londres ; il a bien voulu ſe charger de la cauſe de votre amie ; j'aurois ſouhaité que cette affaire eût pu être décidée ſur-le-champ ; malheureuſement il y a une forme à ſuivre, & des délais à obſerver ; cela demande quelque tems : mais auſſi on eſt ſûr de réuſſir, ſans donner de scène au public, & sans causer de scandale.

Je crois qu'il seroit nécessaire d'écrire au Lord Tompson , & que ce fût vous qui vous donnassiez cette peine. Faites - lui part du parti que nous prenons ; mandez-lui que la liberté de Miss Tilnei dépend de la conduite qu'il va tenir : si vous pouviez l'engager à revenir ici , vous lui rendriez un grand service ; car je crains qu'il ne fasse quelque coup de sa tête.

JACQUES TOWON.

A Londres , ce 27 Mai 1764.

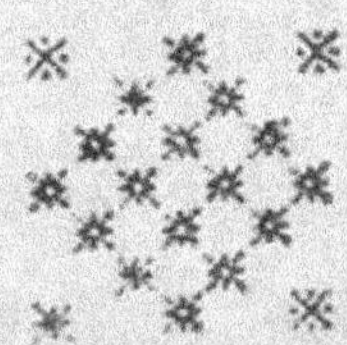

H v

LETTRE XXVIII.

MISS AURELI, A TOMPSON.

JE me hâte de vous écrire, pour vous avertir que Miss Tilnei a un parti considérable pour elle dans sa famille, dont le Docteur Towon est l'âme. Comme votre situation ne vous permet pas de combiner vos démarches, souffrez que je vous donne des conseils. Je pense donc que vous ne devez rien précipiter. S'il est dangereux d'employer la ruse & la violence, dans quelque affaire que ce soit, c'est ajoûter la folie à la témérité, que de s'en servir pour obtenir une chose qu'on peut avoir facilement, en réclamant l'autorité des Loix. Faites là-dessus vos réflexions; si vous êtes sage, vous abandonnerez votre poste , & vous reviendrez à Londres. Adieu ; j'apprendrai avec plaisir que vous m'avez obéi.

ÉLISABETH AURELI.

A Paris , ce 4 Juin 1764.

LETTRE XXIX.

Tompson, a Miss Aureli.

J'Ai lu & relu votre derniere lettre; j'avois peine à croire que ce fût
vous qui l'eussiez écrite. Je ne puis
comprendre comment vous avez pu
vous déterminer à me donner de pareils conseils, vous qui connoissez la
sensibilité & la façon de penser de
Miss Tilnei; vous qui êtes sa plus tendre amie : vous qui savez si bien aimer, pouvez-vous me conseiller de
prendre patience, d'attendre du tems
& de la justice des hommes ce que je
ne dois espérer que de mon amour?
Je ne vous reconnois point à ce faux
trait de prudence. Vous n'avez con-
sulté, en m'écrivant, ni votre cœur,
ni mon intérêt.

Je médite un projet que je saurai mettre à exécution, sans le secours de qui que ce soit. Je ne veux point que Miss Tilnei doive sa liberté à d'autres qu'à moi ; je suis même jaloux des démarches qu'on a faites pour la lui procurer.

TOMPSON.

A Londres , ce 8 Juin 1764.

LETTRE XXX.

MISS AURELI, A TOMPSON.

UN Roi, qui connoiſſoit bien les hommes, diſoit, que dans les plus mauvais conſeils il y avoit toujours quelque choſe de bon à prendre. Ne pourroit-on pas dire également, que dans la tête d'un fou il ſe rencontre quelquefois de bonnes idées?

Vous me mandez que vous avez formé un projet, dont le ſuccès vous paroît certain ; je le ſouhaite. Quel que ſoit ce projet, je vous conſeille, ſi vous voulez réuſſir, de modérer l'impétuoſité de votre caractère, de vous comporter de façon que, dans le cas où vous échoüeriez, votre con-duite ne nuiſe point aux moyens qu'on peut employer d'un autre côté.

Je sais qu'il est fâcheux d'attendre son bonheur de la réussite d'une procédure. La lenteur de sa marche ne s'accorde point avec l'impatience des amans ; d'ailleurs, le crédit de votre adversaire peut la faire durer long-tems ; la santé de Miss Charlotte peut se déranger ; toutes ces raisons me forcent d'approuver le parti que vous avez embrassé : continuez donc de rester dans l'endroit où vous êtes, & ne l'abandonnez que pour être heureux.

ÉLISABETH AURELI.

A Paris, ce 12 Juin 1764.

LETTRE XXXI.

TOMPSON, A MISS AURELI.

VOUS m'avez rendu la vie, en approuvant ma conduite ; j'ai senti renaître mes espérances & augmenter mon courage ; je serois mort, s'il m'avoit fallut quitter cet endroit sans Miss Charlotte.

Je n'ai personne ici pour me seconder ; je suis forcé de faire tout moi-même ; j'ai cependant mandé plusieurs de mes gens ; j'aurai soin de les faire tenir à l'écart, pour ne point donner de soupçon.

Mon rival est auprès de Miss Tilnei ; j'ai appris que cette aimable fille étoit sans cesse obsédée par lui, & qu'elle n'avoit, pour toute société, que sa tante & cet original.

Si je connoiſſois ce triſte perſonnage, je ſatisferois à la demande que
vous m'avez faite ; mais je ne ſuis
pas plus inſtruit que vous ſur ce qui
le regarde.

Je voudrois, pour le punir, que
cette vieille devînt amoureuſe de lui ;
comme il eſt le ſeul homme qui ſoit
dans le château, & qu'elle eſt encore femme à prétentions, cela pourroit bien arriver ; Miſs Charlotte,
alors débarraſſée quelquefois de ſes
ſurveillans, ſe verroit moins gênée,
& il me ſeroit plus facile d'exécuter
mon projet.

TOMPSON.

A Londres, ce 18 Juin 1764.

LETTRE XXXII.

TOMPSON,
AU DOCTEUR TOWON.

J'AI appris que vous vous intéres-
siez au sort de Miss Tilnei ; je sais
même que vous avez fait plusieurs
démarches pour elle auprès de ses
parens, & que vous avez pris avec
eux des mesures infaillibles pour lui
procurer la liberté : souffrez que je
vous remercie de la belle action que
vous voulez faire.

Miss Aureli m'a mandé de me
rendre à Londres, & de me join-
dre à vous pour seconder vos efforts;
j'ai jugé à propos de rester ici ; je
pense qu'il n'est pas prudent de réu-
nir nos forces : d'ailleurs, nous avons
une façon différente de voir les

choses. Dans cette affaire vous n'ambitionnez que le succès : c'est la seule récompense qui vous attend. Vos motifs ne sont pas aussi pressans que les miens, pour compter les momens ; la crainte de perdre ce que vous aimez, ne vous effraie point ; vous n'agissez enfin qu'avec l'activité d'un ami : mais mettez-vous à ma place ; prenez mon âge ; quittez votre manteau ; prenez un uniforme, & parlez franchement, que feriez-vous, si on vous avoit enlevé une maitresse, dont vous auriez la certitude d'être aimé ? Si un maudit rival étoit assez heureux pour occuper votre place, plaideriez-vous pour r'avoir cette même maitresse ? Non, sans doute. Vous feriez ce que je ferai. Adieu : portez-vous bien.

TOMPSON.

À Londres, ce 24 Juin 1764.

LETTRE XXXIII.

MISS AURELI,
AU DOCTEUR TOWON.

J'AI communiqué à des gens de Lettres ce que vous m'avez écrit au fujet de Corneille ; plufieurs pouffent l'admiration pour ce grand homme auffi loin que vous ; d'autres lui préfèrent fon rival.

On ne joue prefque jamais les Pièces du premier , qu'il ne parte du Parterre quelques éclats de rire, même dans les endroits les plus intéreffants ; Waller prétend que ce n'eft point la faute de l'Auteur ; il foutient que c'eft défaut de connoiffance de la part des François , & que leur attention ne peut fe fixer que fur des chofes frivoles & agréa-

bles. Il fait plus ; il penſe qu'ils reſ-
ſembleront un jour à un peuple ,
dont les organes ſont devenus plus
ſenſibles & plus délicats : mais dont
les facultés de l'âme ſe ſont retré-
cies.

J'ai été témoin d'une pareille
ſcène à la repréſentation de Rodogune. J'ai vu dans un endroit, où
l'on éprouveroit des convulſions en
Angleterre , un ſeul mot faire rire
quelques Spectateurs. C'eſt donc là
ce peuple , dont vous faites tant de
cas , me dit tout bas Waller indi-
gné ? De pareils hommes ne doivent
être guères à craindre pour nous.
Vous êtes trop précipité dans vos
jugemens , lui dis-je ; ce n'eſt point
par les Albinos d'une nation qu'il
faut la juger ; regardez cette loge
qui eſt devant vous ; conſidérez celle
qui eſt à ſa droite : tous ceux qu'elles
contiennent ſont émus , étonnés ,

attendris ; ils paroiſſent pénétrés de tous ces divers ſentimens.

Si donc vous ne voulez pas vous tromper ſur le compte du François, c'eſt par les hommes que ſon Pays renferme, qu'il faut le juger, & non pas par cette troupe de grands enfans, qui ſe croient des êtres bien importans; parce que, dans les ruelles, on leur dit quelquefois : Vous êtes jolis, vous êtes charmans.

Je compare ces rieurs aux bouffons que les Souverains de l'Europe plaçoient autrefois derrière-eux dans les plus auguſtes cérémonies ; leurs petites ſingeries n'étoient pas capables de faire oublier ce qu'on devoit à la Majeſté du Trône.

ÉLISABETH AURELI.

A Paris, ce premier Juin 1764.

FIN DE LA PREMIERE PARTIE.

Fin de la Table de la Ire Partie.